CARLO RUSSO

INTERNAZIONALIZZAZIONE VINCENTE

Come Avviare Un Processo Di Internazionalizzazione Aziendale In Maniera Efficace Partendo Da Zero

Titolo

"INTERNAZIONALIZZAZIONE VINCENTE"

Autore

Carlo Russo

Editore

Bruno Editore

Sito internet

http://www.brunoeditore.it

Sommario

Introduzione

Queste pagine nascono, da parte mia, per il desiderio di condividere con voi, appunto, sia l'esperienza lavorativa, maturata nel corso degli ultimi anni - come amministratore della mia società (*AffariEsteri.it*), come direttore commerciale mercati esteri e, infine, come consulente per l'internazionalizzazione – che la mia profonda convinzione che sia sempre più necessario, per le piccole e medie imprese italiane (d'ora in poi indicate come *PMI*), integrare una strategia e una presenza commerciale sui mercati esteri.

Proprio in virtù della necessità di espandersi sui mercati esteri, la proprietà della PMI ha il dovere di adottare la migliore configurazione e il migliore insieme di regole di gestione e di politiche aziendali (d'ora in poi indicate come *Corporate Governance*), che servono a coordinare e regolare il funzionamento dell'azienda.

Successivamente, diventa essenziale strutturare un organo gestorio della PMI, non più in modo unipersonale o padronale, bensì sotto forma di un Consiglio di Amministrazione (d'ora in poi indicato come *CdA*), ricco delle professionalità che diventano imprescindibili al successo sostenibile dell'azienda. Sono scelte sulla base di un'opportuna valutazione del business e dei suoi requisiti (*Board Valutation*).

Un CdA che veda ben distinta la Proprietà (*Major Shareholder*), dal Consigliere cui vengano conferite le deleghe operative (*Chief Executive Officer, CEO*) e dai Consiglieri non esecutivi, che possano avere un carattere di indipendenza rispetto alla Proprietà (*Independent Non-Executive Directors*). Tra questi assumono sempre più particolare importanza la presenza e il ruolo di un Consigliere Indipendente non esecutivo, che abbia un'esperienza lavorativa nel campo della internazionalizzazione, che possa:

a) Essere portatore in CdA del mandato ricevuto dagli azionisti;
b) Offrire un contributo al CEO nel validare la strategia formulata e proposta al CdA;
c) Monitorare il perseguimento degli obiettivi affidati al CEO;
d) Monitorare che la strategia sia integrata con un piano di sostenibilità e che crei valore nel medio lungo termine per tutti gli stakeholders (*Sustainability; Stakeholder Capitalism*);

e) Offrire un'esperienza personale, maturata sul campo, per prevenire e gestire casi di crisi all'estero.

Questo è quello che voglio condividere con voi, raccontandovi in che modo sono arrivato a queste conclusioni.

Correlazione tra storia e ruolo internazionalizzazione

La ragione la ritroviamo nell'evoluzione storica e commerciale dei fabbisogni produttivi, della domanda di mercato e dall'offerta presente sia in Italia che all'estero, dal dopoguerra ad oggi.

La storia ci insegna, infatti, come il ruolo d'intervento dell'imprenditore italiano, all'estero, e il conseguente risultato economico delle PMI, sia mutato a seconda della fase storica, dei bisogni dei consumatori, della domanda del mercato interno e di quello esterno, dell'andamento della economia italiana, nel contesto di recessione o espansione dell'economia mondiale, della disponibilità e del prezzo dell'energia e delle materie prime.

La storia si fa portavoce, inoltre, che esiste una correlazione tra tutti questi fattori e ci fa notare che, se noi saremo in grado di comprenderla, potremo meglio configurare e attrezzare le nostre aziende e la loro *Corporate Governance*, per i prossimi anni.

Allora, ripercorreremo insieme la storia, come se fosse un piacevole "film", per arrivare ai giorni nostri e vedere cosa ci riservano sia il presente che il futuro.

Ma voglio partire con ordine, proprio dal presente, grazie al quale si potrà capire attraverso lo studio del passato. Difatti, nel prossimo capitolo vi parlerò dell'opportunità che si cela dietro l'internazionalizzazione, oggi, e com'è strutturato questo manuale, in modo da farvi fare un percorso semplice e lineare.

Internazionalizzare: un'opportunità dall'enorme potenziale per piccole e medie imprese del mercato italiano, le PMI. Consolidare o sviluppare la propria attività commerciale all'estero, tramite un processo di internazionalizzazione è una strategia fattibile e realizzabile, anzi: auspicabile.

Perché oggi è importante internazionalizzare? In uno scenario globale affetto da una crisi di rappresentanza e dal contesto storico in cui la stagnazione del mercato interno la fa da padrona, è vitale, per qualsiasi impresa che voglia estendere o ampliare il proprio business, mettere in campo un'attività di interlocuzione e negoziazione.

All'estero ci sono occasioni e condizioni altamente favorevoli, nonché mercati in crescita e dalla notevole espansione, che le imprese italiane non tengono in considerazione, soprattutto quando si opera solo all'interno del proprio mercato. È vero che non tutte sono idonee, ma attraverso lo studio e la fattibilità è possibile prevederne la capacità in tal senso.

Mi presento: Sono Carlo Russo, fondatore e amministratore di *Affariesteri.it*, azienda di consulenza in strategie di "*International Business*", che opera, con un claim immediato: "Il tuo Partner nel Mondo".

Come azienda, ci occupiamo di sostenere e accompagnare le PMI in progetti e percorsi che vogliono espandersi oltre confine, ponendoci come partner in un'ottica di "problem solver".

Aiutiamo attraverso studi, analisi e relazioni assodate e consolidate nei diversi paesi, le PMI a sviluppare il proprio giro d'affari creando nuove opportunità di rilancio e di sostentamento: assumiamo il ruolo di "Service Company" al fianco del cliente.

La competitività internazionale delle aziende italiane è il tema al centro della discussione economica degli ultimi anni, in quanto si è intenti a capire quali sono le motivazioni che le spingono ad investire nei mercati esteri.

La prima causa riguarda il sistema economico nel suo complesso, il quale, considerata la fermezza del mercato italiano, non è più in grado di assorbire le produzioni sviluppate internamente, con la conseguenza che le imprese sono sempre più consapevoli di dover guardare fuori dai confini: chi non lo fa, rischia di perdersi fino, purtroppo, a fallire.

Chi cambia policy e decide di internazionalizzarsi, al contrario, non solo sopravvive, ma sviluppa in modo esponenziale il proprio giro d'affari.

Il secondo motivo, che caratterizza il fenomeno dell'internazionalizzazione delle imprese, è anche il decremento del fatturato. E invero, l'alta dipendenza che contraddistingue le aziende italiane dal mercato domestico fa sì che il primo aspetto citato abbia un impatto fortemente negativo sul business. Le imprese, quindi, reagiscono, rivalutandolo e cercando soluzioni connesse all'apertura di nuovi canali di vendita all'estero.

Ciononostante, il processo di espansione all'estero non è alla portata di tutte le imprese, essendo le stesse chiamate a valutare molteplici aspetti, prima, durante e dopo tale percorso.

Attenti allo sviluppo di iniziative imprenditoriali sul territorio straniero, operiamo insieme a quelle realtà che vivono nello spirito del partenariato e che desiderano, pertanto, instaurare un business nel mercato globale.

Ciò che ci contraddistingue dai competitor è la considerevole esperienza maturata sul campo e con un'attenzione costante ai mutamenti e agli aggiornamenti degli scenari economici internazionali.

La finalità generale dell'intervento è il miglioramento della competitività delle PMI, favorendo ed incentivando le stesse ad operare nell'ambito dei mercati sia internazionali che nazionali.

La nostra mission è promuovere all'estero le aziende, guidandole, con il nostro know-how, passo dopo passo nell'acquisizione di nuovi clienti e commesse, con la consapevolezza che ogni area d'intervento si caratterizza per peculiarità territoriali, culturali, normative economiche, nonché politiche, che determinano differenti modalità di sviluppo, con particolare attenzione ai rischi derivanti dall'esercizio dell'attività d'impresa nel mercato di riferimento.

A livello nazionale, invece, diamo supporto alle società con attività di *"public affairs"*, finalizzata ad aprire nuovi canali per il raggiungimento di obiettivi di medio e lungo termine e di consulenza strategica e direzionale, tesa allo sviluppo di piani industriali.

Nell'analisi di nuove iniziative imprenditoriali nei mercati esteri, ai fini del buon esito del percorso, occorre redigere un business plan completo, che definisca un programma progettuale e ne determini gli aspetti strategici, finanziari ed economici.

Pertanto, disporre di competenze e di conoscenze, adeguate a tal fine, è basilare per evitare di pregiudicare il raggiungimento degli obiettivi.

Valutiamo tutto a livello tecnico e commerciale del programma di espansione e supportiamo i nostri partner ad aumentare il livello di diversificazione territoriale con maggiori opportunità di business, mediante una strategia di marketing internazionale e di creazione di una rete commerciale all'estero o la realizzazione di una nuova struttura internazionale destinata ad acquisire nuove quote di mercato nel Paese scelto.

Monitoriamo le fonti informative del settore degli appalti internazionali e sulle opportunità segnalate dalle principali banche multilaterali di sviluppo.

Il percorso attraverso il quale accompagniamo le aziende, passo dopo passo alla conquista di mercati esteri, è composto da cinque fasi, che trovate qui di seguito.

In questo libro le ho sviscerate una ad una, suddividendole in ciascuno capitolo, in modo da darvi più consapevolezza di cosa un partner che vi accompagni nell'internazionalizzazione debba sapere fare; in primis essere in grado di capire cosa l'azienda ha già o quale know-how deve acquisire prima di partire.

a) Analisi della decisione di operare all'estero, definendo gli obiettivi e individuando i mercati di destinazione (Fase 1);
b) Determinazione delle modalità di mappatura, attraverso lo sviluppo di strategie d'ingresso nei mercati di destinazione e la pianificazione economica e finanziaria (Fase 2);

c) Tecniche di commercio estero: aspetti contrattuali, fiscali e doganali (Fase 3);

d) Ricerca di partner/sponsor finanziari e/o industriali (Fase 4);

e) Vendita ed Export (Fase 5).

Vediamoli brevemente, poi vi verranno spiegati in ogni capitolo, fase dopo fase.

Fase 1: Analisi

Si procede con un'attenta analisi dell'azienda a tutto tondo, del prodotto aziendale (è idoneo al paese?) oppure di un altro potenziale prodotto del mercato di destinazione (marcato privato, grande distribuzione o governativo?); per poi analizzare la cultura del paese target e dei rischi.

Poi si passa a delineare la struttura organizzativa aziendale, individuando le peculiarità, in modo da intraprendere il percorso nel migliore dei modi, al fine di concludere gli accordi. Questo serve a fidelizzare e a creare un rapporto che vada "oltre" il contratto, con la giusta sintonia.

Creare un rapporto: oggi viviamo di relazioni. Diventa importante conoscere le persone al di là del ruolo aziendale.

Si analizza il mercato di riferimento, ossia se l'azienda è compatibile al settore in cui si vuole andare, passando dalle dimensioni alla concorrenza, nonché a tutte le alternative che possono far addentrare più velocemente l'azienda in quel mercato. Fondamentale, diventa identificare il rapporto tra la richiesta del mercato e la capacità produttiva aziendale.

Dopo si verifica la cultura, studiando le differenze culturali, gli usi e i costumi del paese, ossia quelle regole non dette, ma che sono alla base dei comportamenti comuni.

Infine, valutare i rischi che l'azienda corre, come ad esempio voler saltare dei passaggi nella burocrazia cercando scorciatoie oppure assumersi degli impegni e scadenze che poi non si riescono a mantenere, con la conseguenza di ingenti perdite di capitali che non si possono più recuperare, nonché la possibilità di fare altri affari.

Fase 2: Mappatura

La seconda fase è la mappatura, ossia il quadro della modalità d'ingresso e la pianificazione strategica, economica e finanziaria.

Fase 3: Burocrazia paese target

La parte tecnica, ossia la burocrazia del paese: le normative (cosa e come si può esportare), le tassazioni (in modo da poter delineare il ricavo effettivo e non imbattersi in ingenti perdite), il tipo di regolamento delle dogane (se europee o extra europee) e la contrattualistica, che tuteli entrambi le parti nel miglior modo possibile.

Fase 4: Ricerca partner/sponsor

Successivamente, si passa ad un altro step, altrettanto importante, quanto i precedenti. La ricerca di partner, che possono essere finanziari e/o industriali, fondamentali per lo sviluppo del business. A volte è necessario trovarne in loco, pena la possibilità di entrare e penetrare in quel mercato.

Fase 5: Export

Adesso che il modello italiano è stato adeguato al mercato di riferimento e sono stati completati tutti i passaggi, l'azienda è pronta a portare il prodotto e/o la struttura all'estero, producendo e vendendo.

Alla base di tutta la procedura che comprende le fasi appena elencate, c'è la negoziazione: in un mondo sempre più complesso e interconnesso, tutti siamo continuamente chiamati al confronto ed alla dialettica.

Partecipiamo, con le imprese o per le imprese, a negoziati per la stipulazione di contratti commerciali e di accordi diplomatici o sindacali e per la risoluzione di crisi aziendali; li prepariamo, analizzando le varie opportunità e problematiche, così da mettere in grado le aziende di affrontare la sfida anche senza il nostro diretto intervento.

Se un soggetto è influente ma poco informato su specifiche questioni, sarà necessario trasferirgli quelle informazioni utili affinché si giunga ad una decisione ben informata.

Costruire un percorso che porti consapevolezza nel processo decisionale, con ricadute sia sul privato ma anche sulla collettività, è la scelta ottimale.

Le realtà imprenditoriali annesse alle relazioni istituzionali rivestono un ruolo basilare nella definizione della strategia d'impresa. Infatti, l'interazione tra istituzioni ed aziende è basilare per la realizzazione degli obiettivi di entrambe le realtà.

Queste cinque fasi, vi verranno spiegate nel dettaglio, nella seconda parte del libro.

Nella prima parte ho dato voce, come vi ho anticipato, anche alla storia, su come l'internazionalizzazione sia cambiata nel corso degli anni e non solo. Difatti, un'ulteriore correzione è avvenuta recentemente, proprio a seguito della crisi sanitaria mondiale dovuta al Covid-19, nell'anno 2020. Oggi, come allora, posso affermare, avendo vissuto molte delle mutazioni, che l'internazionalizzazione non si può improvvisare, ed è per questo che è nato questo libro: per fare luce su tutti questi aspetti. Troverete i due capitoli distinti e ben narrati.

Poi ho voluto affrontare il fattore più *critico in assoluto* che determina o meno il successo dell'azienda all'internazionalizzazione: la Governance Interna, per poi passare alla descrizione delle aziende target, dei paesi e settori di riferimento. Per giungere, appunto alle cinque fasi, approfondite una ad una.

Ecco a voi il film, mettetevi comodi.

Capitolo 1
La storia dell'internazionalizzazione aziendale

Il film, che si proietterà in queste pagine e in prima visione, inizialmente in bianco e nero, poi a colori, è ambientato nell'Italia del dopoguerra, negli anni dal 1947 al 1950, e si sviluppa fino ai giorni nostri. Racconta di storie e di episodi vissuti, che volutamente si fermano prima della grande crisi dei mutui *Sub-Primes* del 2009, per mettere in risalto alcune dinamiche sulle quali riflettere, senza sovrappormi con casi aziendali, più attuali, e con managers e protagonisti che possono ancora essere operativi.

Ciak: si gira: prima della Seconda Guerra Mondiale, il modello economico italiano era ancora prevalentemente agricolo, artigianale e legato al micro commercio locale e, tranne forse rarissimi casi, completamente domestico. Dal 1950 in poi, grazie agli aiuti economici ottenuti dagli Stati Uniti l'economia italiana si rimise in moto ed avvenne… un miracolo economico.

Se riproporzioniamo quelle somme ad oggi, verrebbe fuori una cifra non lontana dagli 80 miliardi di €: immaginiamo quindi, il nuovo boom economico che potremo vivere spendendo bene i 209 miliardi di € del Recovery Found.

L'Italia degli anni '50 era tutta da reinventare e ricostruire: la domanda di beni e servizi locali trainò una ripresa economica senza precedenti. Nacque un tessuto produttivo ed industriale costituito da una miriade di piccole aziende che importavano materie prime dall'estero, e producevano e vendevano localmente.

In questa fase storica, la quota di aziende italiane presenti sui mercati esteri era ancora molto limitata. Le PMI erano attive principalmente come importatori di materie prime e prodotti.

Più forte era, invece, all'estero, la presenza dei grandi gruppi del settore industriale, dell'energia e delle infrastrutture. In quegli anni, l'ingegneria civile, idraulica e mineraria italiana era considerata tra le migliori al mondo.

Tra tutte le grandi opere realizzate dagli italiani all'estero, cito, simbolicamente, lo spostamento del Tempio di Ramses II ad Abu Simbel, in Egitto, in seguito alla decisione di realizzare la diga di Assuan sul Nilo.

Per questo caso, furono proprio gli ingegneri italiani della Salini Impregilo a studiare e a realizzare il progetto, dal 1963 al 1968. I tagliatori di marmo di Carrara sezionarono il gigantesco tempio in mille pezzi da circa 20 tonnellate l'uno, lo trasportarono in un luogo diverso e infine, lo rimontarono, senza nemmeno a dirsi, alla perfezione.

Con i mezzi del tempo, e senza la strumentazione e la tecnologia della quale disponiamo oggi, ricostruirono il dedalo delle sale interne, costruite come una matrioska, una dentro l'altra, sbagliando l'inclinazione e l'esposizione del tempio di pochissimi gradi, tanto che l'incidenza del raggio di sole sulla fronte della statua interna, era in ritardo di un solo giorno solare. Fu un vero e proprio miracolo di ingegneria, che rese i nostri ingegneri famosi in tutto il mondo.

Da allora, le aziende dell'Istituto di Ricostruzione Industriale (la famosa IRI), si affermarono a livello mondiale per le opere di genio civile, stradale, minerario, infrastrutturale, navale ed idraulico. In quel periodo, si sviluppò poi, assai rapidamente, l'ingegneria meccanica al traino dell'industria meccanica, automobilistica e ferroviaria, e di tutti i relativi componenti.

Grande impulso fu registrato anche dall'industria di trasformazione di materie prime importate dall'estero in prodotti venduti localmente nel mercato italiano, come ad esempio, rubinetteria, pentolame, posateria, tutta la minuteria metallica e i componenti per l'edilizia, ecc.

Il mercato italiano era in crescita e i consumatori avevano ancora bisogno di soddisfare i bisogni primari, legati all'alimentazione, all'abbigliamento, alle scarpe e alla vita quotidiana in genere, attraverso l'acquisto di beni di primo consumo.

Nel giro di pochi anni, esaudito il bisogno primario di sopravvivenza ai rischi della guerra, ossia di un tetto, di cibo e abbigliamento, i consumatori passarono a soddisfare i loro bisogni secondari, al fine di migliorare la loro qualità di vita e d'informazione.

La rivoluzione industriale e la richiesta di manodopera delle industrie, che nascevano al nord, come la Fiat a Torino, portarono i giovani ad abbandonare progressivamente le campagne, i paesi e le piccole città, per trasferirsi nelle grandi città, accanto ai grandi conglomerati industriali.

Questo comportò un profondo cambiamento delle abitudini e delle tradizioni sociali, così come della geografia della famiglia, della prima casa e della rete di approvvigionamento di beni e servizi, attraverso la creazione e lo sviluppo di nuovi negozi, centri commerciali e primi mercati.

In questa fase, le importazioni di materie prime e prodotti dall'estero erano elevate, ma, al contrario, le esportazioni erano ancora limitate. Le PMI non avevano ancora grande necessità di guardare ai mercati esteri.

Lo sviluppo urbano delle grandi citta, creò il bisogno di nuova edilizia, sia come fabbricazioni abitative che industriali. In quegli anni era tutto un fiorire di gru da edificazione ovunque, migliaia di cantieri di lavoro. Ne seguì un grande assorbimento di materiali da costruzione, di acciaio, di ferro, di tondini per cemento armato, di energia e di materie chimiche.

L'industria pesante lavorava a pieno ritmo, con forti importazioni di materie prime a prezzi ancora accessibili per il basso costo del petrolio e del trasporto via nave. Con il progresso economico e il crescente interscambio di merci e prodotti, le famiglie iniziarono a maturare la necessità di doversi muovere sia per lavoro, con i treni e con le prime auto, sia per studio ed infine, sia per tornare nei paesi d'origine.

L'industria automobilistica trainò la costruzione di strade e delle prime autostrade negli anni '60. L'industria ferroviaria crebbe notevolmente anche per la necessità di trasportare le merci su rotaia. Contemporaneamente, in quegli anni con lo sviluppo straordinario della radio e della televisione, crebbe, parallelamente, anche il bisogno, da parte delle persone e soprattutto dei giovani, d'informarsi e partecipare ad una vita sociale.

Dai bisogni primari, ci fu il passaggio al soddisfacimento dei bisogni secondari e poi a quello di autorealizzazione e di distinzione sociale: dalla paura della fame e del freddo dell'immediato dopoguerra, eravamo passati alla ricerca del primo benessere, alla voglia di leggerezza e divertimento per superare la triste e dolorosa epoca della guerra.

Ci fu, quindi, un vero e proprio "boom" di voglia di divertirsi, di esorcizzare la paura della morte e di celebrare il ritorno alla vita: fu un'esplosione non più di bombe ma fatta di musica, di sale da ballo, di trasmissioni radio, televisioni, giradischi, jukebox e produzioni cinematografiche, come a Cinecittà a Roma. Chi di noi non ricorda Fellini, la Dolce Vita di Via Veneto, il bagno nella Fontana di Trevi, ecc.?

Il Cinema, la radio e la televisione iniziano a portare nelle case altri modelli di consumo, altre idee e altre proposte commerciali, che furono di traino sia all'importazione che alla produzione locale. Gli italiani scoprirono la pubblicità, il Carosello e il modello americano: dagli elettrodomestici, alle abitudini alimentari, alla moda, ai format televisivi e cinematografici. Fu il periodo di American Graffiti, i film Western di Sergio Leone, un Americano a Roma di Alberto Sordi, etc.

Con maggiore disponibilità di reddito e di spesa, le persone iniziarono a incrementare il proprio status, con case più grandi e confortevoli, con migliore qualità, funzionalità e pregio dell'arredamento, anche degli uffici. Finora le PMI italiane erano totalmente assorbite dal vendere in Italia e poco si curavano di andare all'estero.

Di esperti d'internazionalizzazione ne giravano pochi, se non quelli che gli Stati Uniti inviava in Italia per guidare lo sviluppo economico. La crescita incrementale della domanda interna veniva assorbita dalla produzione locale e, per pochi settori, da prodotti esteri.

La tecnologia non era ancora così sviluppata, ma si assisté, gradualmente, all'introduzione progressiva di nuovi strumenti di calcolo e di macchine da ufficio sempre più elettriche ed elaborate, come le nuove macchine da scrivere, il telex, ecc. Nella scienza delle costruzioni si passò al calcolo sempre più affinato del cemento armato e dei telai in acciaio per edilizia civile ed industriale.

Nella progettazione ci fu il passaggio dal regolo a mano, con il quale si calcolavano anche i logaritmi, alle prime calcolatrici Texas Instruments e Hewlett Packard, ai primi linguaggi di programmazione Cobol, Fortran, ecc., ai primi calcolatori Olivetti, ai primi computer da tavolo, ecc.

Da questa rivoluzione industriale nel settore delle telecomunicazioni, dell'elettronica, dell'automazione industriale, si fece sempre più forte il bisogno di attingere alle tecnologie emergenti nel mondo americano con importazioni e nuove società compartecipate (*Joint Ventures*) produttive, da insediare in Italia, soprattutto nelle aree da sviluppare economicamente.

La Cassa del Mezzogiorno nacque proprio per favorire lo sviluppo economico ed industriale al sud. In questo periodo, gli imprenditori italiani andavano all'estero per cercare tecnologia e partners da portare in Italia.

Le aziende italiane presenti sui mercati esteri erano degli esempi di eccellenza, leader mondiali, seguite da quelle tedesche, per la grande tecnologia meccanica, come treni, armamenti, costruzioni aeromeccaniche, ferrovie, dighe, centrali elettriche, strade e ponti.

Ricordo, una per tutte, le Industrie Reggiane di Reggio Emilia che nacque per la creazione dei primi pezzi e le prime ali dei primi aeroplani italiani, come quello di Caprotti, fatti in legno e lino, per poi iniziare a costruire i treni e le locomotive a carbone, e finire nel tempo a realizzare i carriponte più grandi del mondo per merci, containers e porti.

Nonostante il boom economico, la domanda estera di prodotti italiani era ancora relativamente modesta, salvo per alcune nicchie legate a produzioni di prodotti di eccellenza, come i marmi italiani, che venivano usati per decorare le più importanti residenze del mondo.

L'elevatissima ingegneria italiana, la sofisticata manifattura, unite alla sapiente architettura, alla conoscenza della storia dell'arte, al gusto innato, genetico, per l'eleganza e la bellezza dell'immenso patrimonio artistico e degli infiniti capolavori italiani, si fondevano nei vari settori per dare vita e forma al *Made in Italy*.

Già il famoso Made in Italy, che ritroviamo nella progettazione, nella moda, nell'arredamento, nei generi di primo consumo e nei prodotti di design. Dai fornelli a gas delle prime cucine economiche si passò al concepimento e design della cucina componibile, il sogno di ogni casalinga. Cito per tutte, la Cucina Salvarani che divenne famosa ed esportata in tutto il mondo.

In cucina, le casalinghe italiane poterono beneficiare dei migliori frigoriferi Zoppas e forni elettrici. Ci fu l'esplosione della lavatrice italiana come la Candy, Ariston, ecc.: questa della lavatrice italiana, fu una vera e propria rivoluzione, non tanto per l'oggetto in sé, ma per il modo di vivere, epocale.

Grazie alla tecnologia italiana che rese possibili delle ottime lavatrici, infatti, le donne italiane poterono liberare del tempo dalla gestione della casa e dedicarsi al lavoro fuori, aprendo la strada, appunto, del lavoro alle donne. Tanto che oggi, la lavatrice è considerata una delle prime dieci invenzioni del secolo che hanno cambiato gli usi e costumi delle persone del nostro Paese.

Proseguendo il racconto degli anni '50, '60 e '70 del boom economico, la crescente domanda di materie prime dal tessile al metalmeccanico, veniva soddisfatta dall'importazione e dalla produzione locale. In termini di energia, l'Italia era un importatore netto: arrivavano navi di petrolio che veniva scaricato in gigantesche raffinerie vicino al mare, come la Saras in Sardegna, della famiglia Moratti, della Erg, della famiglia Garrone di Genova o della API, della famiglia Brachetti Peretti di Roma.

Purtroppo per l'eco-ambiente del nostro Paese, in quegli anni ci fu uno sviluppo molto importante delle acciaierie, dei porti, dell'industria chimica, di raffinerie e di impianti enormi, per la cui costruzione vicino al mare, vennero distrutti, irrimediabilmente, meravigliosi tratti di costa come in Liguria, Calabria, Puglia, Toscana, Sardegna, Sicilia, ecc.

Come sia stata devastata Taranto è sotto gli occhi di tutti. Gli scheletri abbandonati delle acciaierie a Genova gridano oggi vendetta. Per costruire il porto di Gioia Tauro, sono stati cancellati chilometri di produzione di piante di cedri, unici al mondo, che oggi avremmo potuto esportare in tutto il mondo.

In quegli anni, le grandi multinazionali estere, soprattutto americane, avevano delocalizzato la loro produzione in Italia per cogliere l'opportunità della ripresa economica e beneficiare dei fondi della ricostruzione. La sostenibilità, la pianificazione, l'impatto ambientale e la consapevolezza dell'unicità del nostro ambiente erano concetti sconosciuti e vennero sacrificati sull'altare del progresso economico.

I primi segnali di crisi degli anni '70

I primi segnali di allarme, arrivarono nel 1972, quando Israele fu attaccata da Egitto e Siria, e si accese una guerra che causò il primo shock petrolifero. In Italia, vivemmo le prime domeniche a piedi.

Si scoprì vulnerabile e dipendente delle risorse energetiche e di tutte le materie prime derivate dalla lavorazione del petrolio. Alla fine degli anni '70, ci furono le prime crisi nell'andamento della domanda nel mercato interno.

Così le aziende italiane, come quelle americane, iniziarono a guardare ai mercati esteri come tentativo di sostituire la domanda interna mancante con quella di mercati ancora meno evoluti in termini commerciali.

È interessante menzionare come l'economia americana negli anni '70 fosse puramente domestica. La crisi degli anni '70 e la recessione che ne seguì, creò numerosi casi di fallimento negli USA. Il mercato dell'auto andò in crisi. Il modello di produzione fordista idem.

Nello stesso periodo riprendeva l'economia giapponese, ripartita da zero dopo la pesante sconfitta mondiale. In Giappone si erano riorganizzati in maniera molto ordinata e disciplinata, osservando, studiando e ripetendo, fino all'ossessione, i cicli di produzione delle aziende americane.

Attraverso un sistema di management che saliva dal basso verso l'alto (*Bottom Up*), una fedeltà all'azienda pari alla venerazione per il loro Imperatore, con un fortissimo senso d'identità che li portava, perfino, a cantare ogni mattina l'inno aziendale, e infine un sistema d'incentivazione e partecipazione da parte di tutti gli operai a scrivere i loro suggerimenti (le lettere venivano imbucate nella cassetta postale del management, chiamato *Quality Circles*). Tutto ciò fece coincidere il proprio riscatto sociale dopo la pesante sconfitta della Seconda Guerra Mondiale, con il desiderio di rilancio industriale.

Gradualmente, in silenzio negli anni, divennero molto bravi nell'adottare e replicare la tecnologia americana. Iniziarono a migliorarla nella qualità e nei processi, con importanti riduzioni di costi. I risultati furono così buoni che seppero rinnovare e far ripartire l'industria dell'auto, che negli USA era non solo matura, bensì pesantemente in crisi, rovesciando al contrario il paradigma che vedeva gli Stati Uniti esportare auto nel mondo e il Giappone importarle dagli USA.

In pochi decenni, il Giappone trainò la ripresa dei paesi asiatici ed iniziò ad esportare nuovi modelli di auto negli USA a prezzi molto competitivi. Toyota e Nissan divennero famose. Alla fine degli anni '70 e all'inizio degli anni '80, gli Stati Uniti, colti di sorpresa dall'industria giapponese, studiarono il modello di gestione, di management giapponese (*The Japanese Management, The Quality Circles, ecc.*) e di ripresa industriale per copiarlo a loro volta.

Il paradosso della storia fu che tutte le Università e le Business School americane cominciarono ad insegnare agli americani come modellare i giapponesi e il modo in cui i giapponesi stessi fossero riusciti a copiare gli americani.

Processo di multi nazionalizzazione Aziende Usa

Negli USA, con questa nuova consapevolezza, al fine di superare la recessione interna e il calo della domanda, le aziende iniziarono un processo di multi nazionalizzazione, intesa come la delocalizzazione della produzione nei paesi asiatici, per cogliere il vantaggio del basso costo della manodopera, dell'assenza di sindacati, e dell'levata disponibilità di manodopera femminile.

Infatti, le prime produzioni all'estero delle aziende americane riguardavano i nascenti prodotti dell'elettronica e dei Personal Computers. Questi richiedevano la lavorazione di pezzi sempre più piccoli, per la quale risultavano particolarmente preziose le dita esili delle operaie in Malesia, Taiwan, e dei paesi asiatici limitrofi, esclusi Vietnam e Cambogia, distrutti dai conflitti.

Mentre il mercato cinese risultava ancora bloccato (si aprirà dal 1985 in poi), anche le imprese italiane iniziarono a guardare al mercato asiatico e all'Asia come possibili mercati potenziali di sbocco per i loro prodotti.

Storia delle variabili da studiare per delocalizzare

Questo nuovo trend mondiale verso la multi nazionalizzazione e la delocalizzazione produttiva per aggirare dogane e conquistare nuovi mercati, impose la creazione di una nuova mentalità della proprietà, nonché della cultura e della formazione del management.

Divenne così sempre più importante studiare dove e come delocalizzare, per quali motivi, per quali vantaggi, come ad esempio i nuovi mercati di vendita o per superare le costose barriere doganali alle importazioni: in che forma delocalizzare, se attraverso degli insediamenti diretti controllati al 100% (legislazione locale permettendo) o delle Joint Ventures con partners locali, e in questo caso, se di maggioranza e di controllo o di minoranza, e in che modo concepire i prodotti, il design, i colori e i brand.

Rimase famoso in Italia il caso di un modello di automobile VW, che venne chiamata Jetta: si scontrò nelle decisioni d'acquisto dei clienti per scaramanzia e fu ritirata dal mercato.

Ci fu un altro caso di fallimento in Arabia Saudita legato al colore bianco, perché in quei paesi è il colore del lutto, che invece da noi è il nero.

Per finire, oltre alla preparazione manageriale, alla mediazione culturale e linguistica, agli imprenditori italiani delle PMI, salvo i casi personali di successo, mancava la cultura necessaria per affacciarsi all'estero: sulle tradizioni e usanze alimentari, sulla religione locale e abbigliamento da usare; in generale sugli errori da evitare nel negoziare.

Nomino, persino, delle sfumature che potevano rovinare il clima delle trattative, vissute in prima persona: nei paesi arabi era normale interrompere le riunioni per pregare. In Cina era importante presentarsi porgendo il biglietto da visita con due mani e un leggerissimo inchino.

In India non si poteva proporre, ad indiani di culto Jain, alcun business che comportassero l'uccisione di animali, come le calzature in pelle, e così via. Figuriamoci poi sulle cose importanti.

Il bello degli imprenditori italiani, a differenza dei tedeschi e dei francesi, è che risultavano sempre molto creativi, estrosi, eleganti, piacevoli e simpatici, quindi venivano apprezzati ovunque.

L'Italia iniziò ad andare all'estero

Fu così che l'Italia, come gli USA e gli altri paesi europei, rivolse lo sguardo all'Asia, all'India, ed anche all'America Latina, con particolare attenzione al Brasile e all'Argentina. Iniziò, in questo modo, una politica di multi nazionalizzazione e di internazionalizzazione. Le aziende italiane cambiarono modello puramente domestico, diventando delle piccole multinazionali.

Come esempi, cito la Piaggio che, fin dal 1963, aveva insediato il primo stabilimento produttivo in India con l'idea di rifornire la famosa "Ape a tre ruote" a tutto il mercato indiano. Chiunque fosse andato in quegli anni, ma ancora oggi, in India a Bombay (diventata oggi Mumbai) poteva ammirare le vecchie Fiat 1100 adottate dai taxisti indiani. La Pirelli e la Fiat avevano aperto in Brasile, così come il Gruppo Ferruzzi.

Un po' di storia… anche della figura dell'esperto d'internazionalizzazione

Per crescere all'estero e diventare una multinazionale, nacque nelle PMI e nelle aziende più grandi, la necessità di poter contare su un esperto d'internazionalizzazione.

In Italia, questa figura era ricoperta dall'imprenditore stesso, il quale girava il mondo partecipando in prima persona alle delegazioni commerciali, assieme la sua segretaria, i suoi prodotti campione, o campionatura da esposizione e con il suo intuito.

Il suo staff era quindi costituito da una factotum tuttofare di fiducia, da un responsabile amministrativo e da uno di produzione. Il Direttore Commerciale Estero, o lo specialista per l'internazionalizzazione, era pertanto lo stesso imprenditore.

Imprenditori estremamente intelligenti, intuitivi, tenaci, forti, carismatici, visionari e che conoscevano tutto dei propri concorrenti italiani ed esteri.

Di fatto, queste figure erano dei veri e propri calcolatori elettronici di prezzi, costi e margini, delle banche dati, dei manager, delle "*Business School fai da te*" viventi e ambulanti che, negli anni, con la propria esperienza, avevano interiorizzato, tutte le materie e le competenze necessarie alla gestione aziendale e che sarebbero state poi codificate ed insegnate nelle *Management Business School* moderne.

Imprenditori, titolati, nati nel dopoguerra, in officina o in laboratorio, cresciuti dalla gavetta, passati attraverso tutte le fasi di produzione, dall'acquisto delle materie prime alla riparazione con le loro mani delle macchine quando si rompevano: dalla manifattura al controllo qualità, dal marketing alla vendita, dalla fatturazione alle risorse umane. Attraverso un processo di esperienza ed errori, intuivano le migliori strategie per andare all'estero.

Bravi, bravissimi, unici. Anche perché quelli meno bravi, non resistevano e fallivano. Il classico imprenditore italiano di una PMI all'estero si muoveva da solo con un tassista e un'interprete. In che lingua si esprimeva? In dialetto e, qualche volta, raramente, in inglese.

Ho conosciuto un imprenditore di Bergamo che mi disse di aver girato e fatto affari in tutto il mondo parlando solo il dialetto bergamasco.

Guai a conversare di competenze e di professionalità, tanto meno di *Corporate Governance*. Sareste stati subito licenziati. La struttura societaria era completamente padronale, senza CdA, senza Collegio Sindacale e senza revisori: tutti costi per lui inutili.

Il supporto che l'imprenditore riceveva all'estero dalle istituzioni era limitato, salvo avere la fortuna di trovare persone illuminate che si adoperavano per propria volontà e passione personale.

Ora un po' di storia delle istituzioni italiane all'estero e della loro assistenza

Dopo l'esperto d'internazionalizzazione, l'azienda aveva bisogno di un supporto locale, legale, commerciale, fiscale, societario, nonché di assistenza marketing internazionale.

In quegli anni le aziende non avevano alcuna cultura o preparazione per andare all'estero e si appoggiavano alle Ambasciate, ai Consolati, alle sedi dell'ICE (Istituto per il Commercio Estero), alle Associazioni Industriali, alle Camere di Commercio. In Lombardia alla Promos e alla Compagnia delle Opere e alle Banche con le loro filiali o uffici di rappresentanza o affiliate locali.

A differenza di quanto avveniva per Francia e Germania, che avevano staff composti da numerosi funzionari diplomatici, le Ambasciate Italiane, potevano contare su pochissime risorse.

Svolgevano prevalentemente la funzione d'ufficio visti e si attivavano solo per le aziende più grandi e famose. Nella stragrande maggioranza dei casi, gli imprenditori italiani si muovevano nei paesi esteri senza neanche comunicare la propria presenza in Ambasciata, la quale era percepita come organo burocratico e utile solo per pubbliche relazioni ad alto livello.

Anche perché il ruolo istituzionale di supportare le aziende era demandato all'Istituto per il Commercio Estero (ICE), i cui rappresentanti all'estero avevano uno status molto elevato, quasi da ambasciatori, con costi elevatissimi e raramente risultavano utili per le PMI, limitandosi solo a pubblicare delle analisi di paese e di settore.

L'imprenditore chiedeva loro di poter incontrare fornitori, clienti e potenziali partners per distribuzione o produzione o manifattura, ma i funzionari dell'ICE difficilmente entravano nello studio di nicchie di mercato e micro-settori merceologici, meno che meno nella conoscenza dei competitors locali.

Non a caso, negli anni si venne a creare un grande malcontento per come lo Stato Italiano forniva assistenza, con duplicazioni di costi e un continuo scaricabarile tra Ambasciate ed ICE.

Peraltro, gli Ambasciatori di un tempo non considerassero molto dignitoso per il proprio rango intrattenersi con le piccole aziende, delegando il compito alla figura dell'Addetto Commerciale. Dopo alcuni anni, crebbe sempre più prepotente la richiesta di avere un Ambasciatore con un profilo meno "storico" o da scienze politiche e più dedicato al business, piuttosto che alle relazioni diplomatiche.

Allora la strada maestra era farsi conoscere attraverso la partecipazione alle fiere organizzate dalle Camere di Commercio. Ancora una volta non sempre l'assistenza era puntuale ed efficace. Il modello di business delle Camere di Commercio era quello di riscuotere una quota per l'associazione per poi fare da tour operator e organizzatore di fiere commerciali, impegnandosi a combinare almeno alcuni incontri.

Nella realtà dei fatti, le Camere di Commercio (incluse Promos e Compagnia delle Opere in Lombardia), non avendo una compartecipazione agli utili, realizzati dalla loro opera d'intermediazione e dovendo ridurre al massimo i costi, si avvalevano di risorse molto giovani e precarie, che si riducevano a prendere i nominativi per gli incontri dalle pagine gialle locali e/o da elenchi improbabili.

La mia esperienza racconta che le delegazioni organizzate da Confidustria e dalle Associazioni Industriali erano di profilo più alto, con agende d'incontri selezionate e organizzate molto meglio di quelle delle Camere di Commercio, con interlocutori locali più efficienti, appartenenti alle rispettive Associazioni Industriali del posto e più rappresentative degli industriali locali.

Il limite era rappresentato, come sempre, dalle dimensioni della PMI, che spesso trovava troppo costosa la stessa associazione a Confindustria. Inoltre, l'assistenza era limitata alla ricerca e all'organizzazione di incontri B2B e *one-to-one* con aziende locali, e pertanto nessun contributo veniva offerto in sede di trattative e negoziazione, o societario, fiscale, doganale, ecc.

Risultavano invece completamente assenti, almeno nei miei riscontri, le Associazioni Piccoli Imprenditori (API) locali e la Confapi (Associazione Nazionale delle API, l'equivalente di Confindustria per piccoli imprenditori).

Anche alcuni cenni di storia del sistema bancario italiano all'estero

"Allora se l'ICE non mi aiuta, chiedo alla mia banca", pensava l'imprenditore. Men che meno. In banca, tradizionalmente, si gestivano valute, lettere di credito, crediti documentari, finanza all'import/export e, nei casi migliori, strumenti per la copertura del rischio di cambio. Zero consulenza commerciale. Zero assistenza negli incontri con le controparti.

Tuttavia, sotto la spinta della domanda, il sistema bancario italiano dovette adeguarsi per dare supporto alla sua clientela all'estero.

Se ai tempi di Marco Polo, per finanziare le spedizioni di merci e mercanti verso e dalla Cina, si erano specializzate solo alcune banche italiane, come il Monte dei Paschi di Siena, dagli anni '70 in poi, con maggiore impulso negli anni '80, il sistema bancario italiano iniziò ad organizzarsi con filiali e rappresentanze all'estero. Ciò accadde per sostenere le aziende italiane nel loro processo d'internazionalizzazione e finanziare i flussi di import ed export.

Oltre il Monte dei Paschi di Siena, si affermarono all'estero, l'Istituto San Paolo di Torino, la Banca Commerciale Italiana, il Credito Italiano, la Banca di Roma, e quasi per ultima, la Banca Nazionale del Lavoro. Nel 1987, sotto la presidenza del socialista Nerio Nesi, negli anni in cui Craxi era Premier, Andreotti Ministro degli Esteri e Formica Ministro delle Finanze, la Banca Nazionale del Lavoro (BNL) ricevette l'input di aprire in Cina, India e Brasile.

S'iniziava a parlare di BRIC (Brasile, Russia, India, Cina), anche se nessun imprenditore italiano capisse bene cosa volesse dire e cosa dovesse fare per cavalcare l'onda del BRIC. Nel 1988, la BNL era presente in Cina ed aveva avviato l'apertura di un ufficio di rappresentanza in India.

Inoltre, aveva acquistato la licenza bancaria del Banco Denasa, in Brasile, dalla First Chicago, ed aveva aperto filiali a San Paolo, Brasilia, Rio, Belo Horizonte e Porto Alegre. In più, si espanse anche in Argentina con duemila sportelli, rilevando il Banco Rio della Plata. Era presente in Uruguay, Venezuela, Canada, Germania e Lussemburgo, ecc.

La Banca Commerciale Italiana era presente in Sudamerica, con la Banca Sudameris. Purtroppo nel 1989, la BNL incorse nelle colossali perdite di patrimonio, circa quattromila miliardi delle vecchie di Lire, per l'irregolarità delle lettere di credito rilasciate dalla filiale di Atlanta, in merito alla esportazione di armi in Irak.

Da allora iniziò il declino della presenza estera da parte della BNL e, con essa, quella di una buona assistenza alle PMI italiane all'estero.

All'imprenditore non rimaneva così che affidarsi a degli studi legali, a degli intermediari locali, a dei commercialisti locali, che fungevano da persone di loro fiducia, senza contare che nei momenti di crisi questi professionisti fossero costretti, per poter sopravvivere nel luogo di appartenenza, a rimanere fedeli ai loro clienti del posto.

Amare conclusioni del sistema tradizionale e cosa è cambiato negli ultimi tempi, nel recente passato
Quanto tempo perso. Quanti soldi persi. Anche per risolvere le dispute legali nate dopo. Quante delusioni. E quante amarezze. Era così. Questo il panorama.

Le immagini del film documentario su quegli anni volano veloci, fino allo scorrimento dei titoli di fondo: quanti partecipanti, quanti protagonisti quante storie.

Il tempo da quegli anni è passato così velocemente che il film sembra ormai un reperto in bianco e nero dell'Istituto Luce. Avanziamo di qualche anno. Si accende la luce in sala e ci rimettiamo a posto per uscire.

Adesso fuori di qui che facciamo? Mentre usciamo dal cinema, ripensiamo alle ultime vicende dei mercati internazionali negli anni 2000, e a come sia cambiato tutto.

Il modello padronale *"Ghe Pensi Mi"* della tradizionale PMI italiana è ormai tramontato. Le Partite Iva in Italia erano più di sei milioni delle quali il 95% appartenenti a PMI con meno di 15 dipendenti: quante ne sono scomparse? Le tempeste tropicali degli anni 2000 hanno causato una forte moria di microrganismi. Cosa è successo che le ha fatte morire?

Il primo virus è partito dalla Cina, la quale cresceva ininterrottamente dal 1985 a tassi del 9% annuo, dopo la prima famosa partita a ping pong di Kissinger, che metteva fine all'isolamento del Partito Comunista Cinese e dell'era post Mao Tse-Tung. Negli anni '90, i Cinesi avevano imparato a ricopiare fedelmente le produzioni occidentali con qualità accettabile e le riproponevano a prezzi molto più bassi e convenienti.

Se non fosse bastata la Cina, anche la Corea era scesa in campo grazie alla rivoluzione industriale e tecnologica finanziata dagli USA, dopo la Guerra di Korea. Accanto ai grandi marchi cinesi, il mondo era stato invaso dall'elettronica coreana, dai loro elettrodomestici e auto.

L'assorbimento di acciaio della Cina e della Corea era tale che dall'Italia partivano navi di rotaie ferroviarie, dismesse e sostituite da quelle più moderne dell'alta velocità, che venivano rilaminate, fuse e trasformate in prodotti che ci venivano rimandati indietro.

LG e Samsung erano e sono diventati dei giganti mondiali. Le nostre Merloni e Candy hanno tentato di resistere per la qualità e la tradizione, ma sono andate fuori mercato quando i coreani sono scesi in campo con l'elettronica integrata e multifunzione.

Sono state solo Merloni e Candy a soffrire? No, purtroppo. Anche tutto l'indotto, com'era accaduto all'indotto dell'industria Fiat, o di altre produzioni più piccole, ma prestigiose per design, come la Alessi. Interi distretti, come Verbano Cusio Ossola che produceva minuteria metallica per Alessi e simili, sono scomparsi.

Gli stabilimenti del bresciano per rubinetti, pentole e moka da caffe, si sono ritrovati in grossa crisi. Tutti questi marchi famosi, negli anni 2000, sono stati acquistati da aziende estere. Il motivo? Non sono stati in grado di prevedere i movimenti dei mercati internazionali ed avevano sbagliato la loro politica d'internazionalizzazione. Poi è apparso un secondo virus.

Il secondo virus che aveva colpito le aziende italiane tra il 2007 e il 2008, è stato l'innalzamento del prezzo del petrolio a livelli mai raggiunti prima ed un forte apprezzamento dell'Euro rispetto al Dollaro USA, che rendeva conveniente importare dagli USA e non dall'Europa.

Costo del petrolio e cambio Euro/Dollaro Usa, erano variabili che, fino a quegli anni, sono state considerate improbabili e, quindi trascurate in sede di pianificazione come eventi rischiosi da mitigare.

Questo fece sì che le PMI italiane si ritrovarono a pagare un prezzo altissimo per le materie prime derivate dal petrolio o comunque prodotte a forte consumo di energia, come acciaio, alluminio, plastiche, ecc. che se importate, sul prezzo influiva l'aumentato costo di trasporto via nave o via aereo per il maggior costo del carburante.

Poi, arrivate le materie prime in azienda, la PMI doveva trasformarle con un costo del lavoro e una rigidità occupazionale tra le più alte in Europa e nel mondo. Una volta realizzati i prodotti, doveva confezionarli con del materiale da imballaggio (*Packaging*) che, anche questo derivante dal petrolio, costava molto di più.

Una volta confezionati e imballati, si doveva riesportare le merci affrontando costi di trasporto più alti, proprio per il maggiore costo del carburante. Alla fine, *last but not least*, si dovevano rivendere le merci sui mercati esteri con il più sfavorevole cambio Euro/Dollaro di quegli anni.

Per usare una metafora calcistica: era come se la squadra dell'oratorio a 11 giocatori di un paese di provincia italiana, si trovasse a sostenere una partita di calcio, contro una squadra composta da 66 giocatori appartenenti ad alcune squadre messe insieme, come Real Madrid, Barcellona, Bayer Monaco, Manchester United, Liverpool, e Paris St. Germain.

Alla squadra di calcio dell'oratorio italiano, era sufficiente dare un'occhiata alla squadra in campo, per decidere di rientrare subito negli spogliatoi, senza neanche dare il calcio di inizio.

Ma qualcuno si è salvato? Per fortuna, sì

Ciò detto, c'erano molti gruppi italiani che lavoravano bene all'estero. La grande moda italiana per definizione e le aziende che avevano saputo trasformarsi in gruppi multinazionali, già negli anni '70 e '80. Ovvero, chi si salvava in quel periodo?

Chi aveva puntato, già tempo addietro, sul marchio come i grandissimi nomi della moda e del design, sull'assoluta qualità, vedasi la Ferrero, sull'eccellenza tecnologica, sull'innovazione e sull'automazione degli impianti, come ad esempio, la Brembo.

Le carte vincenti erano: marchio, qualità, eccellenza, innovazione tecnologica e automazione. E ancora, Artsana Chicco aveva portato, da anni, addirittura la testa dello sviluppo sui mercati asiatici ad Hong kong. Il gruppo STAR aveva già sviluppato una visione e una presenza internazionale, diversificando le fonti di approvvigionamento.

Ferrero distribuiva in tutto il mondo, ma aveva da tempo diversificato la produzione e l'acquisto di materie prime, come le nocciole da tutto il mondo. Per evidenziare quante variabili entrino in gioco, in Cina, la Ferrero ebbe difficoltà a vendere cioccolato al latte perché i cinesi, per loro natura, fanno a fatica a digerire il latte non avendo gli enzimi adatti.

Ciò nonostante, i cinesi copiarono anche i cioccolatini Rocher, ma la Ferrero fu una delle poche aziende italiane a vincere una causa per concorrenza sleale.

Le grandi case del Caffè come Lavazza, Illy, ecc. hanno avuto la capacità di comprare all'estero le migliori raccolte di chicchi di caffè per importarli e tostarli. Come esempio d'internazionalizzazione, nei primi anni 2000, Lavazza lanciò in India, una rete di bar col marchio "Barista" per offrire il famoso cappuccino italiano, mentre la Illy Caffè puntava alla presenza nei vari aeroporti.

Diversa invece la strategia di Caffe Miscela D'Oro di Messina: per scelta si sono focalizzati sull'eccellenza della qualità, posizionandosi su una fascia di prezzo molto elevata e punti vendita prestigiosi, come in Giappone.

Nel settore calzaturiero, il gruppo IGI di Perugia, produttore di scarpe bambino fino ai 14 anni, aveva già iniziato a delocalizzare all'estero, dapprima in Romania, poi in Russia. Considerato che una scarpina da bambino arriva ad assemblare circa 100 componenti, la Primigi decise di produrre in India basandosi su 4 centri di produzione diversi, ognuno specializzato in un componente.

Peraltro, per quanto prodotte localmente e quindi senza dazi commerciali, in India le scarpine da bambino risultavano come prezzo inavvicinabili dalla famiglia media. Ma la Primigi decise di non abbassare i prezzi in India, rinunciando al mercato locale, perché questo avrebbe rovinato la strategia di marketing in tutto il mondo. Uscendo invece ad un unico prezzo su tutti i mercati, proseguì con successo la sua politica commerciale di vendita, a livello mondiale.

Diversa invece, in India, la strategia di Monnalisa, una delle aziende leader in Italia per l'abbigliamento di bambini. Monnalisa aveva individuato un partner indiano che produceva in India, per il mercato locale con il suo marchio e design, a prezzi accessibili alla clientela media.

Molteplici realtà, svariate strategie, tutte di successo, in quanto ben studiate sulle specifiche caratteristiche della proprietà, del prodotto e del ciclo di vita della azienda. Questo per dire che non esiste una formula magica uguale e univoca per tutte le aziende, ma ognuna ha bisogno di una strategia fatta su misura "Tailor Made in Italy".

Nel prossimo capitolo arriviamo ai giorni nostri: riflettiamo su come siano mutate le aziende negli ultimi anni e come questo cambiamento sia stato portato agli eccessi dalla recente Pandemia Covid 19. Non mi addentrerò in prese di posizione particolari, ma ho solo voluto dare il mio contributo a fare una fotografia oggettiva di quello che è accaduto e di come questo si ripercuoterà nello scenario economico mondiale.

Capitolo 2

L'internazionalizzazione ai giorni nostri

Un tempo, in Italia, si diceva: "Piccolo è bello", ma ormai possiamo affermare che tale espressione sia superata. Il nuovo paradigma sembra essere diventato: "Molto piccolo e familiare o grande e professionale".

Sappiamo benissimo che la pandemia e il relativo lockdown, ha visto la chiusura delle attività commerciali e produttive, mettendo in ginocchio l'insieme delle PMI.

Il divieto di effettuare licenziamenti e il ricorso al Fondo Integrativo di Solidarietà (*State Employment Subsidization System*) estesi fino a Marzo 2021, hanno di fatto impedito il collasso del sistema ma se non si dovesse fare in fretta con la ripartenza degli investimenti, nuvoloni molto neri si addenserebbero all'orizzonte. Oltre quanti già ce ne siano, oltremodo.

Con la pandemia del 2020 si sta accentuando violentemente un fenomeno che era già in atto, ma non in maniera così evidente: i ricchi stanno diventando sempre più ricchi, i poveri sempre più poveri e la classe media sta scomparendo.

Il 90% della ricchezza mondiale è concentrata nel primo 10% della popolazione della Terra (Fonte Oxfam) e, secondo le ultime dichiarazioni al World Economic Forum, oltre 90 milioni di nuove persone scivoleranno verso condizioni di povertà assoluta.

Questo per diversi motivi, tra i quali ne cito due, in particolare: la pandemia e le asimmetrie informative che consentono, a chi ha disponibilità finanziarie, di investire rapidamente in settori strategici o resi strategici dall'attuale crisi. Se questo vale per i privati, nel mondo delle aziende stiamo assistendo ad un analogo fenomeno.

I primi grandi gruppi dell'economia digitale sono diventati sempre più grandi, le medie e piccole aziende che si sono trovate senza ricavi e con l'impossibilità di tagliare i costi fissi e del lavoro, stanno soffrendo molto. Molti esercizi commerciali con dipendenti hanno chiuso, per l'impossibilità di fermare o rinegoziare le uscite di cassa elativi agli affitti.

Cosa abbiamo imparato da questa esperienza? Che sopravvive il modello non "piccolo", ma "piccolissimo" con una struttura familiare, composta da padre, madre, figli, figlie, generi, nuore e nipoti, con mura di proprietà, riserve accantonate di cassa e possibilità di non pagare gli stipendi per un certo periodo.

Oppure, al netto opposto, sopravvive la grande azienda che addirittura può beneficiare di fondi e credito bancario a basso costo per investire in innovazione tecnologica, digitalizzazione e internazionalizzazione, fermo restando che ci siano delle opportunità da sfruttare. Ovvero, laddove gli altri sono costretti a fermarsi, chi può investe ed acquisisce tecnologia e quote di mercato.

La classica PMI italiana con meno di 15 dipendenti e con un fatturato inferiore ai 20-25 milioni, con un risultato operativo e flussi di cassa negativi deve riflettere molto bene se andare avanti per non mangiarsi il proprio patrimonio e andare incontro al fallimento. Peraltro, anche con un fatturato superiore ai 25 milioni e con un risultato operativo e flussi di cassa positivi, la sopravvivenza non è assolutamente garantita.

Questa dipende dal posizionamento dell'azienda e dalle sue potenzialità di mercato, in Italia e all'estero, unite alla capacità di cogliere la crescita per linee interne (aumento delle vendite) ed esterne (acquisizione di concorrenti o espansione in altri business).

Di sicuro, con un mercato interno fortemente recessivo come in Italia, sia le medie che le grandi aziende italiane se vogliono sopravvivere, devono esportare e andare all'estero: questa a mio modesto parere, l'unica via.

Vi è pertanto una necessità, e questa volta di sopravvivenza, di una cultura verso l'internazionalizzazione. Abbiamo visto che in passato non esisteva né la consapevolezza né la necessità di una specializzazione per un'efficace, duratura e sostenibile cultura, professionalità e managerialità dell'internazionalizzazione.

Finché il ciclo economico si manteneva positivo ed espansivo, tutte queste magagne ed inefficienze strutturali del sistema dell'assistenza istituzionale, commerciale e bancaria delle aziende italiane all'estero, compresa la tendenza alla autoreferenzialità dell'imprenditore, venivano superate dalla generale favorevole situazione del mercato.

Ma quando nascevano problemi in periodi di crisi e di recessione dei mercati, mettevano in difficoltà l'ordinaria gestione di una realtà all'estero e si aggravavano fino al concludersi in clamorosi fallimenti o alla necessità di abbandonare i mercati esteri, chiudendo società e filiali.

Con la nostra preparazione ed esperienza di oggi diremmo che ciò avveniva quando mancavano, in azienda e nella proprietà, una specifica preparazione.

Nella fattispecie, esattamente all'internazionalizzazione e ad una corretta Corporate Governance dell'azienda, studiata per gestire sia l'ordinaria che la straordinaria gestione. Questa cultura e strumenti si sono, grazie alla storia, dimostrati essenziali, proprio per monitorare e impedire situazioni di crisi, prendendo decisioni consapevoli e attivando agli opportuni accorgimenti.

In questi decenni, abbiamo assistito a troppe crisi ed insuccessi delle aziende italiane all'estero e lo vediamo oggi nel calo delle esportazioni e delle Joint Ventures. Vi è troppa improvvisazione.

Troppa presunzione di potercela fare da soli. Avere successo in Italia, non è una condizione, né necessaria, né sufficiente per averne altrettanto, di successo all'estero, in altri mondi, in altri mercati, con altre tradizioni, usanze, culture e propensioni all'acquisto.

Diventa quindi vitale, analizzare tutte le variabili, a 360 gradi, che possono portare all'insuccesso. Prima di partire. Non durante. Vi faccio un esempio, frutto della mia decennale esperienza, maturato nel mercato indiano, che per la sua difficoltà intrinseca, per noi europei, rappresenta un'ottima palestra di insegnamento.

Il vino italiano è, forse, il migliore del mondo. Negli USA il vino italiano è considerato uno Status Symbol, quanto di meglio si possa offrire ad una cena in casa, viene esportato in Russia e in tutto il mondo in grosse quantità, ma in India si fa molta fatica a venderlo, perché?

In India, nel settore del vino, l'Italia si colloca al settimo o ottavo posto rispetto a paesi come la Francia, la Germania, gli USA, con il suo vino californiano, la Spagna, l'Australia e il Sud Africa. Senza contare la produzione locale di vino in India e quella che arriverà dalla Cina.

Sottolineo, peraltro, Cina, nel frattempo è diventata esportatore verso la Francia di barbatelle, ovvero di piantine di vitigni da Champagne, che i francesi trovano conveniente da importare perché è di ottima qualità e di costo molto più basso che in Francia. Perché questo?

In Italia ci sono più di sessantamila produttori in grado di competere sui mercati esteri, ed ognuno di essi preso singolarmente, offre un prodotto superiore ai vini esteri. Il problema è che ciascun dei produttori italiani si presenta da solo come un nano tra giganti, un micro-organismo con alcune scatole di bottiglie da regalare e la solita segretaria tuttofare, mentre gli altri concorrenti esteri mettono in campo antibiotici commerciali in grado di far fuori tutti i micro-batteri italiani.

Il governo francese, organizzava a sue spese, delle delegazioni commerciali di compratori, giornalisti e opinionisti per portarli a fare il giro delle cantine, nella regione dei vini e dello Champagne. Alberghi, pranzi, cene, gite culturali per loro e accompagnatori o accompagnatrici e poi tante degustazioni.

Va da sé, che dopo aver apprezzato l'ospitalità ed aver degustato sul posto, gli ordini all'acquisto partivano in massa, come preferenziali. Un'altra barriera all'entrata era costituita da dazi commerciali, che ad esempio nel 2007 arrivavano al 400% sull'importazione del vino.

Ciò comportava che una bottiglia di vino, del costo FOB (*Free on Board*) di un solo € arrivasse nei punti vendita in India a dodici, tredici €, equivalenti ad una grossa parte del reddito mensile in Rupie indiane, di una famiglia media. Ci fu un importante produttore italiano che per rientrare nei costi e produrre del buon vino a meno di un €, lo aveva prodotto nei suoi vigneti in Tunisia, portato e imbottigliato in Italia.

Ma anche in questo caso, l'esperimento commerciale si limitò ad un container, perché era ancora troppo costoso per una famiglia media. Se per il consumatore medio il vino italiano risultava troppo costoso, non rimaneva che rivolgersi alla fascia più alta del mercato, i famosi "*Super Rich*", ovvero le ricche famiglie indiane.

Una strada era allora quella di proporre il vino solo negli alberghi a 5 stelle, beneficiando della loro caratteristica di Duty Free. Ma questo non era così facile, in quanto gli alberghi extra lusso sono pochi e tutto il mondo corteggia i loro buyer, i quali chiedono favori, anche personali, per acquistare il prodotto.

Non a caso, chi riuscì in quegli anni a proporre il vino italiano negli alberghi extra lusso, fu Leonardo Ferragamo, il quale aveva avviato una produzione di vino in Toscana con il suo Brand e sfruttando il magico immaginario del suo marchio, già affermato nella moda, potette vendere poche bottiglie a 300 € l'una.

Ma non essendo Ferragamo, l'imprenditore medio poteva pensare di portare il vino in fusti ed imbottigliare in India, aggirando la tassa di importazione e approfittando dei tanti stabilimenti di imbottigliamento di birra o Whiskey. Ma se il costo poteva essere abbordabile, la qualità delle bottiglie in uscita, dallo stato del tappo alla conservazione delle etichette, poteva subire danneggiamenti tali da rovinare la reputazione del marchio (*Brand Reputation*).

Diversi produttori italiani pensarono allora di acquistare dei terreni e avviare delle produzioni locali, ma la difficoltà era quella di trovare il terreno adatto, con l'adatta esposizione climatica e di sole, e comunque, per sviluppare una buona produzione di vino occorrevano minimo dieci anni: un orizzonte di tempo troppo lungo rispetto ad altre strategie alternative e mercati esteri più facili da aggredire e penetrare.

Queste che vi ho raccontato sono solo la punta dell'iceberg delle considerazioni alle quali occorreva tener conto in un processo d'internazionalizzazione del vino italiano in India.

Li ho descritti perché analoghi ragionamenti si potevano e si possono fare, ad oggi, per tutte le categorie merceologiche italiane. E non solo per il mercato dell'India. Come vedremo nel resto di questo libro, lo stesso modello di riflessioni e di analisi di tutte le variabili, vale per tutti gli altri paesi. Non preoccupatevi: le andremo ad esporre di seguito.

Voglio aggiungere che vi è anche la necessità d'internazionalizzazione per il "Sistema Paese": infatti, non esistono solo tutte queste variabili legate al settore e all'azienda. Per avere successo, andare da soli non basta: è indispensabile un coordinamento del paese in grado di creare e formare delle alleanze tra tutti i protagonisti dell'internazionalizzazione.

Per questo voglio citare un altro importante caso avvenuto in India, nello specifico, nei supermercati, con 19 stati diversi, con leggi, normative e lingue locali.

Seppur l'inglese venga considerata la lingua ufficiale per il business e il mercato è per definizione enorme, occorre coprire distanze inimmaginabili, con una logistica ancora più difficile.

Correva l'anno 2005/2006. In India i mercati della verdura erano ancora tradizionalmente sulle strade, con la merce posata in modo sparso per terra, soggetta alla polvere e a tutto il passaggio degli innumerevoli mezzi e persone, con evidenti problemi di igiene e di pulizia.

Il Governo indiano incoraggia gli operatori a migliorare il sistema distributivo. Aggiungo, che in quegli anni, solo la Nestlé poteva vantare una rete di autotrasportatori locali in grado di raccogliere il latte parcellizzato, tra le migliaia di produttori locali e portarlo a pochi centri di lavorazione nel Paese, dotati di una catena del freddo.

L'assenza in India di una rete del freddo e di un sistema di logistica integrata, faceva sì che ogni giorno il 70%-80% della merce fresca prodotta venisse sprecata e, la parte non venduta, buttata.

Fu così che uno dei fratelli Mukesh e Sunil Ambani (uno degli esponenti più ricchi dell'India, con i facenti parte della famiglia Tata, quantomeno prima della creazione della Fondazione Tata) decisero di creare la più grade rete di supermercati dell'India, con negozi che variassero da 60mq a 600mq, nonché alcuni enormi ipermercati e centri commerciali.

Da notare che fino a quel periodo, la grande distribuzione internazionale non era ancora entrata in India, per l'impossibilità di acquisire il 51%, ovvero la maggioranza di controllo degli investimenti locali. Si partiva quindi assolutamente da zero. Occorreva fare tutto. Dalla progettazione alle gare d'appalto. Tutto.

Il gruppo Ambani creò un centro di progettazione, alla periferia di Mumbai e chiese a Danesi e Belgi assistenza nel disegno di tutte le procedure e nello scrivere le gare d'appalto. Vi rendete conto di come le aziende di quei paesi potessero avere le informazioni molto prima degli altri concorrenti e partecipare così già preparati.

In questa primissima fase, l'Italia risultava completamente assente. Fu in questo modo che punto vendita per punto vendita, si fecero le progettazioni e si contassero i materiali necessari: da quelli di costruzione, alle piastrelle per la pavimentazione, dagli impianti di condizionamento alle apparecchiature di illuminazione: dai contro soffitti, agli arredi, gli scaffali, i frigoriferi, le celle del freddo, gli infissi, le porte, le finestre, le maniglie, i mezzi di pulizia, i sanitari, i rubinetti e molto altro ancora: praticamente tutto.

E se calcolate la grande scala, ogni prodotto veniva moltiplicato migliaia di volte, con caratteristiche standard ben precise e definite, insieme ai tecnici di alcuni paesi europei. Fantastico. Si preannunciava una manna dal cielo, ma solo per chi avesse avuto la capacità di concorrere e partecipare.

Non bastava, una volta costruito il negozio, equipaggiato ed arredato, bisognava anche riempirlo di merce da vendere. Ambani aveva deciso di pensare a tutti i passaggi della catena del valore. Prima occorreva realizzare una rete di mezzi che andassero a raccogliere, ogni giorno, i prodotti freschi; poi che li trasportassero in centri di lavorazione e di confezionamento, che andavano costruiti ed equipaggiati da zero.

Pensate alle migliaia di migliaia di articoli da mettere in gara. Peraltro, occorrevano macchinari che potessero lavare, asciugare, pesare, misurare, separare secondo le dimensioni, aggregare e ancora, pesare e confezionare.

La scoperta fu che in Italia abbiamo delle aziende PMI che sono leader mondiali nella lavorazione del fresco e che gravitano, per la maggior parte, nel mondo delle cooperative. In più, c'è chi produce i migliori macchinari al mondo per pesare le cipolle, altri per lavorare la frutta per osmosi, altri per misurare le carote, e così via.

Una galassia di eccellenze, ma con un'unica caratteristica: tutte molto piccole. Specializzate sì, ma piccole. Ciascuna di esse aveva innanzitutto una barriera informativa, ovvero non avevano nessuna informazione su quanto si stesse muovendo in India, perché nessuno le aveva messe al corrente. In più, c'erano le non poche difficoltà culturali nel partecipare ad una gara internazionale e preparare, quindi, tutta la documentazione.

A seguire, dare referenze e garanzie assicurative su grandi volumi. Infine, le non poche complessità produttive e finanziarie, in caso di aggiudicazione della gara.

Ci fu un'azienda italiana di grande valore, la Corghi di Reggio Emilia che provò a fare sistema. Leader mondiale delle apparecchiature da officina meccanica per automobili, la Corghi si adoperò per essere la capofila alle decine di micro aziende italiane produttrici, sempre di strumenti da officina meccanica.

Il modello stava funzionando, quando le agitazioni sindacali da parte dell'universo e della miriade di piccoli punti vendita indiani fece temere degli incidenti e il programma fu temporaneamente sospeso. Nel 2008 e 2009 ci fu la grande crisi dei mercati internazionali e fu rimandato.

Gli investimenti fatti dalla Corghi e dalle altre aziende italiane per partecipare a questo mastodontico progetto furono accantonati, per essere ripresi poi in seguito.

Questo ci fece imparare che il rischio di slittamento nel tempo di tali progetti, richiede che l'azienda abbia delle spalle forti e sia in grado di sostenere non solo dei costi, ma anche dei periodi di inattività, in attesa che, appunto, il tutto riparta.

E il Sistema Paese? Come si erano comportate le Istituzioni italiane in questo caso? Purtroppo, per le aziende italiane, furono completamente assenti. Il problema è che mancava una massa critica in grado di esprimere una politica coerente con degli obiettivi da raggiungere nel paese di destinazione, e ad oggi, ancora non vi sono investimenti commerciali, culturali e promozionali.

Nella teoria dovrebbero essere le Istituzioni italiane a ricoprire un ruolo di *Scouting* di opportunità su grandi progetti ed infrastrutture: sedersi al tavolo con le autorità locali per definire la progettazione e gli standards. Avvisare poi le aziende del paese e creare delle reti d'impresa, per partecipare le gare con alcune delle più grandi come capofila, in grado di subappaltare a quelle che faranno da micro fornitori.

Infine, fornire, con Sace e Simest, sia alle aziende italiane i capitali di avvio che al soggetto appaltante le opportune garanzie finanziarie e assicurative.

Proprio per ovviare a questa carenza di sistema, abbiamo recentemente creato Sistema Italia, una piattaforma delle eccellenze italiane e del Made in Italy con l'obiettivo di aggregare le PMI, creare una massa critica e supportare gli imprenditori italiani all'estero.

Tutto questo portato all'esterno dell'azienda è un'ottima strada, ma purtroppo poi si incorre nel fattore critico Numero Uno di molte realtà imprenditoriali, interno all'azienda stessa: com'è strutturata la Governance Interna. Vediamola nel dettaglio nel prossimo capitolo.

Capitolo 3

La gestione della governance interna

I Consigli di Amministrazione delle PMI italiane sono formati, solitamente, dagli esponenti della proprietà e dai loro familiari, oltre che dal commercialista dell'azienda e/o da uno o più avvocati di fiducia.

Per affrontare nel migliore dei modi il percorso di internazionalizzazione è vitale, proprio per il successo stesso di tutte le operazioni, inserire all'interno del Consiglio di Amministrazione una figura esperta in questo campo, grazie alla quale la visione verrà completamente ribaltata, cambiando letteralmente le carte in tavola.

Ed è per questo che è necessario, prima di qualsiasi altra valutazione, il cambio culturale dell'azienda.

Grazie alla conoscenza dell'economia, delle leggi, del contesto sociale sia del paese che dell'azienda stessa, con le strategie efficaci, noi di *AffariEsteri.it* sappiamo in che direzione andare e, soprattutto, in quali mercati. Valutiamo a 360 gradi i vantaggi e le criticità di ogni decisione, prima di imbatterci in un mercato estero: magari verranno consigliati passaggi "scomodi", ma altamente funzionali ed efficaci all'internazionalizzazione.

Certe dinamiche diventano sempre più importanti per lo sviluppo aziendale. Le imprese diventano sempre più consapevoli di guardare oltre confine e vogliono operare in contesti economici per il proprio target di riferimento, al fine di sviluppare il giro d'affari con nuove opportunità di rilancio e sostentamento. Giusto, anzi giustissimo. Ma bisogna sapersi affidare ai consulenti adeguati.

La Governance *(Corporate Governance),* ossia l'insieme dei principi, delle regole e delle procedure che riguardano la gestione societaria, prevede che vi sia un approccio appropriato e adeguato in merito all'internazionalizzazione.

Difatti, uno dei fattori critici delle imprese è la sua stessa struttura di *Corporate Governance.* Non inserire nel CDA uno o più amministratori autorevoli e indipendenti, esperti nel gestire la complessità dell'internazionalizzazione stessa, potrebbe mettere a repentaglio tutta l'operazione.

Prevedere nella propria Governance un amministratore preparato in mercati esteri è un fattore imprescindibile per il successo di tutta l'operazione.

Questo consente di ottenere un alto valore aggiunto, perché, seppur rimanendo autonomi, è possibile interagire con il CdA in forma strategica, continuativa ed avere una visione completa.

Inoltre, la strategia è sicuramente più efficace perché risolve il problema direttamente dal cuore dell'azienda, perché l'esperto è dentro la realtà stessa e non solo in maniera superficiale. Questo gli consente di fare una pianificazione più accurata.

La costante interazione con il CdA gli permette di prendere decisioni efficienti e con rapidità di implementazione, analizzando di volta in volta i risultati. Così facendo può anche apportare le modifiche necessarie, su come e quanto.

L'esperto dell'internazionalizzazione all'interno del CdA fa da tramite e da ponte su due mondi: l'azienda e il paese target di riferimento in cui ci si vuole espandere.

Il commercialista è in grado di fare un'analisi di quante risorse ha a disposizione l'azienda per investire ed entrare in un determinato mercato; sa dare indicazioni di budget, ma non può addentrarsi nella strategia operativa, né dare con precisione il ritorno sull'investimento, né ipotizzare la resa commerciale dell'operazione.

Un consulente porta esperienza, valore aggiunto e soprattutto ha relazioni che aprono determinate porte che facilitano il percorso, perché conosce il mercato, il paese, la cultura, gli approcci e i modi di fare del luogo.

Affianca il CdA ed essendone parte attiva, studia le strategie per evitare di fare errori, non facendo perdere soldi o risorse, e non facendo investire in paesi poco strategici per l'azienda.

E, se vogliamo rincarare il problema, non risiede solo nel chiedere al commercialista o all'avvocato, ma anche ad affidarsi a persone sbagliate o "balorde" che promettono mari e monti.

Le fregature in questo mondo sono davvero molte e all'angolo della prima strada. Ad esempio, tanti sono i personaggi, dall'indubbia provenienza, che si fanno firmare un mandato (anche senza chiedere soldi) e lo usano nel proprio paese di provenienza quale bigliettino da visita per circoscrivere vittime locali.

Quel mandato lo rivendono a casa propria come nominativo, che fa da curriculum o referenza, vendendosi, appunto, come referente della vostra (malcapitata) azienda, in rappresentanza italiana. In questo modo, spillano quattrini facendosi dare acconti (a fondo perduto) per, ad esempio, organizzare una conferenza, prenotare una sala per un evento che, ovviamente, non avrà mai luogo.

Oppure, fanno dei selfie con qualche politico locale e chiedono denari per farvelo conoscere. E, di solito, aziende che fatturano milioni di € all'anno ci cascano, sperando di trovare la strada giusta per penetrare un nuovo mercato, a fronte di poche migliaia di euro.

Tornando a com'è possibile far convivere Governance Interna, ossia il CdA e il consulente d'internazionalizzazione, il primo, in generale, formula la strategia dell'azienda nel breve, medio e lungo periodo, approvando i piani strategici industriali.

Il consulente al suo interno ha il compito di monitorarli in tutto il processo d'internazionalizzazione, affiancando lo stesso CdA e indirizzandolo in tale percorso, per rafforzare e migliorare la presenza dell'azienda nei mercati internazionali.

Il mancato supporto o l'insufficiente comprensione dei rischi e dei vantaggi sono tra le principali cause frenanti, soprattutto in aziende con Governance di natura familiare, in cui i direttori esterni non sono sempre in grado di mitigare e superare in modo convincente l'avversione al rischio della proprietà.

Oltre a dotarsi di un management eccellente e in grado di operare nei mercati esteri, diventa dunque necessario aprire la Governance dell'impresa a risorse e figure professionali, che già operano nei mercati esteri e che possono intraprendere le politiche di espansione, dialogando tra le diverse figure per valutare la rischiosità e bilanciarne la spinta in modo oggettivo e non soggettivo, con numeri alla mano.

Il CdA non deve essere considerato solo una sede dove si esprimono le volontà e gli interessi degli azionisti, ma anche una fonte importante di expertise e competenze, che facilita il processo e nel quale si crea una virtuosa combinazione tra amministratori indipendenti e non. Questo non significa consegnare all'esperto, ossia al consulente d'internalizzazione, le chiavi dell'azienda a occhi chiusi.

Sarà poi la maggioranza del CdA a prendere le decisioni, ma permettergli di entrare nella "stanza dei bottoni", ove si studiano le migliori strategie. Questo permette all'azienda stessa di godere e beneficiare dell'esperienza del Consigliere esperto di internazionalizzazione.

La fiducia è fondamentale per tutte quelle imprese che vogliono crescere e, oggi, non è più pensabile fare tutto da soli: l'imprenditore che non delega è destinato a non sviluppare l'azienda, né a ingrandirsi e ad estendersi.

È proprio per questo che la scelta del consulente deve essere fatta nel miglior modo possibile: ossia validare che sia un portatore reale di valore, un consigliere che operi con la massima professionalità e con un mandato chiaro e preciso.

L'internazionalizzazione deve avvenire solo in mercati di cui si ha una profonda conoscenza (e se non la si ha, bisogna acquisirla o farsi affiancare da chi la possiede) delle dinamiche commerciali.

Ancor di più, dei prodotti e dei servizi che si vogliono esportare, i processi di produzione e il target aziendale, fattori che molto spesso nelle aziende si ritengono idonei in teoria, ma non in pratica.

Magari un paese che si riteneva strategico, in realtà, si scopre che non lo è, così come determinati prodotti non lo sono per quel tipo di realtà: diventa, quindi, importante cambiare metodologia. Sicuramente meglio saperlo prima di fare cospicui investimenti, di denaro e di risorse.

Il quadro della direzione che l'azienda vuole perseguire deve essere estremamente chiaro in modo che l'espansione dei mercati risulti vincente e monetizzabile.

Di organizzazioni, agenzie, società e studi legali che offrono tale consulenza ce ne sono davvero molte. Diventa essenziale scegliere chi sappia redigere un processo ordinato di azioni, instaurare rapporti con le Istituzioni del posto e saper monitorare, nell'assoluto rispetto della normativa, delle dinamiche decisionali e di come agire.

La nostra assistenza non è solo *"lobbying"* e *"pubblic affairs"*, ma anche attività di negoziazione, partecipando con le imprese o per le imprese, a negoziati per la stipulazione di contratti commerciali e di accordi diplomatici o sindacali, nonché per la risoluzione di crisi aziendali.

Sulla base delle indicazioni fornite dal cliente, s'interviene mediante un mandato, oppure fornendo direttamente supporto, predisponendo, nell'eventualità, l'azienda partner ad affrontare da sola la negoziazione.

Accade spesso, infatti, che gli imprenditori vogliano trattare in prima persona e, in tali evenienze, gli stessi vengono preparati e formati per la gestione dei negoziati, così da poter ottenere il miglior risultato possibile, attuando la strategia più efficace. Con la negoziazione si cerca di offrire un servizio professionale e di creare stabili relazioni di valore con i propri partner.

Ora, vediamo le aziende target, i paesi e i settori di riferimento più idonei all'internazionalizzazione.

Capitolo 4:
Aziende, target, paesi e settori di riferimento

Le aziende con cui collaboriamo sono quelle di piccole e medie dimensioni, con un fatturato tra i 10 e i 130 milioni di €. L'obiettivo è quello di aumentarne il fatturato, facendo in modo che un 70% di questo derivi dall'estero.

Non ci occupiamo di creare le sedi legali all'estero, ma di aiutarle a trovare nuove occasioni di business, a crescere ed espandersi, supportando sia l'impresa stessa ed imprenditore dalla valutazione all'acquisizione del contratto.

Nel tempo, ci siamo specializzati nel settore delle infrastrutture, delle costruzioni, dell'oil&gas e in quello ferroviario. Riteniamo che questi siano comparti strategici, capaci di offrire opportunità davvero cospicui per tutte quelle società che, per esempio, producono impianti e componenti.

Operiamo soprattutto nei paesi dell'area CSI (Comunità degli Stati Indipendenti) ossia ex Unione Sovietica, che va dall'Armenia al Kirghizistan e comprende Azerbaigian, Bielorussia, Kazakistan, Moldavia, Tagikistan, Turkmenistan, Ucraina, Uzbekistan e Georgia, oltre naturalmente alla Russia.

Anche nell'area balcanica, ossia Slovenia, Croazia, Bosnia ed Erzegovina, Serbia, Kosovo, Montenegro, Macedonia e Albania, per arrivare all'area del Golfo; quindi, Arabia Saudita, Kuwait, Bahrain, Qatar, Eau, Oman, Iran e Iraq. Per concludere anche India, Cina, Francia, Spagna, Turchia, Malta e, ovviamente, Italia.

Affianchiamo le imprese nell'acquisizione di nuovi clienti e di nuove commesse, con la consapevolezza che ogni area d'intervento si caratterizza per tipicità culturali, normative, economiche e politiche, che determinano diverse modalità di sviluppo del business.

In particolar modo, negli ultimi anni abbiamo un focus al settore infrastrutture e trasporto ferroviario, trattandosi di un mercato dinamico e ricco di enormi opportunità. L'Italia è seconda solo al Giappone (anche se su questo ci sarebbe molto da discutere) se parliamo di tecnologia ferroviaria e siamo il Paese più innovativo, grazie all'introduzione di un regime di concorrenza.

La risoluzione di alcune questioni, come la congestione del traffico, l'approvvigionamento energetico e il sempreverde cambiamento climatico, richiederà che il settore ferroviario acquisti e gestisca una quota sempre maggiore della domanda di trasporto, nei prossimi decenni.

È proprio in questa direzione che si muove la politica europea con il progetto delle reti del trasporti (Ten-T), il quale mira a favorire l'interconnessione delle reti infrastrutturali nazionali e la loro interoperabilità con una rete globale, da realizzare entro il 2050.

Le imprese italiane che operano nel settore ferroviario e che desiderano instaurare un business oltreconfine o, comunque fuori dall'Ue, non possono non guardare all'area euro–asiatica, al fine di accedere a nuovi mercati e, nello specifico, alla Russia.

Infatti, dopo una crescita caratterizzata dagli introiti dell'oil&gas, oggi la Federazione Russa sta diversificando l'economia. Le infrastrutture costituiscono uno dei settori strategici, su cui Mosca sta investendo molto e sulla cui espansione possono contare le aziende italiane. Nel settore trasporti, sempre la Russia ha approvato un programma d'investimenti per le ferrovie di decine di miliardi di euro.

Russian Railways ricostruirà ben 17 mila chilometri di binari ferroviari, mentre un altrettanto investimento significativo sarà destinato al potenziamento dei segnali sui binari ed all'aggiornamento dei dispositivi di automazione e di controllo remoto. Ha approvato, in tutto, un programma di investimenti per le ferrovie "Russian Railways" di circa 32 milioni di euro.

L'intera rete ferroviaria russa è di 95 mila km, quindi si parla di ben del 20% di potenziamento. È iniziata, anche la costruzione di una nuova autostrada che andrà dal confine della Russia con il Kazakistan alla Bielorussia, inserendosi nel corridoio strategico di trasporto Cina - Europa Occidentale.

Esistono come potete notare, dunque, diverse opportunità di collaborazione per le imprese italiane e la Russia che necessita di know-how, di tecnologia, di meccanica di precisione e high-tech: in questi settori l'eccellenza, ovvero il Made in Italy, può fornire il suo contributo.

In linea generale, il settore ferroviario, con i suoi specifici ambiti dell'infrastruttura, dell'armamento, della tecnologia, della sicurezza e dei servizi, è un importante motore economico. Inoltre, dà il suo contributo in un'ottica di sviluppo sostenibile, favorendo gli scambi e riducendo l'impatto del trasporto sull'ambiente.

In questo scenario, come "Affari Esteri", vogliamo essere i leader d'intermediazione per le imprese italiane che vogliono penetrare anche in tal senso il mercato russo, mettendo a completa disposizione tutto il nostro know-how e le relazioni acquisite in anni di lavoro nella Federazione Russa, supportando così le aziende clienti nell'acquisizione di nuove commesse.

Oramai parlare del mercato russo in riferimento alle sole materie prime energetiche è riduttivo, perché ci sono moltissime altre opportunità di business. Difatti, la Russia ha diversificato perché dispone di enormi quantità di riserve naturali, ma ha un sistema produttivo poco sviluppato, cosa che in Italia vi è esattamente il contrario: ha poche materie prime, ma ha uno svariato settore manifatturiero.

Ora, dopo aver parlato ampiamente dell'azienda a cui faccio capo e avervi fatto intendere le innumerevoli opportunità che si celano dietro l'internazionalizzazione, desidero fare luce perché la stessa, tuttavia, non si può improvvisare.

Capitolo 5
Lanciare un processo di internazionalizzazione

Quanto detto fino adesso vi dovrebbe far riflettere su quale sia il modo migliore per affrontare un processo d'internazionalizzazione, a seconda del proprio ciclo di vita aziendale, della personale identità e missione, della dimensione e capacità produttiva e finanziaria e, non per ultimo, se da soli o in rete con altre realtà imprenditoriali.

Un processo d'internazionalizzazione non si può improvvisare, iniziando dall'iscrizione e dalla partecipazione ad una delegazione commerciale di promozione tra governi o tra Camere di Commercio o tra Associazioni Confindustriali.

Un vecchio detto polare islandese recita: "Per pescare l'astice, bisogna pensare come l'astice".

Per andare all'estero, occorre che l'azienda sia preparata, studi e si organizzi, nella fattispecie prima di partire. Occorre entrare così tanto nella mentalità del consumatore locale da pensare come loro, esattamente come i pescatori islandesi arrivano a sentirsi un tutt'uno con i loro astici da pescare.

Internazionalizzare è un investimento importante e deve rendere. Punto. Non ci sono altre vie. Rincorrere il risparmio dei costi di preparazione può comportare ferite dolorose nella vita aziendale e, di conseguenza, forti perdite economiche. Soprattutto considerando che, al contrario di Francia, Germania e Spagna, e adesso anche dei Paesi del Nord, come Belgio, Norvegia, e Danimarca, le nostre aziende non possono contare su una forte assistenza da parte delle istituzioni.

Permettetemi di fare un altro esempio e regressione sul passato: la tecnologia italiana nel settore delle lavatrici, divenne così importante che la Merloni fece in Cina una Joint Venture con la Haier. A conferma della grande tecnologia italiana, nei primi anni 2000, la Merloni, fu invitata in India per creare un insediamento produttivo di lavatrici nello stato del Goa.

Venne svolto uno studio di fattibilità, attraverso un lavoro preparatorio in India, e poi una missione degli esperti Merloni, per incontrare gli interlocutori indiani.

Il risultato dello studio di fattibilità fu interessante per mettere in luce le diverse variabili che influirono sulla scelta di non proseguire negli investimenti.

Infatti, nel 2006, il più importante produttore indiano di lavatrici stimava una domanda di ottanta mila macchine l'anno, mentre la Merloni da sola, a Torino, ne produceva più di 500mila, l'anno. La ragione risiedeva nell'enorme disponibilità nelle case indiane di personale a zero costo, accolto in casa, e pagato solo con del cibo e che le famiglie indiane più abbienti accoglievano anche per dar loro un tetto dove ripararsi e un pasto al giorno da mangiare.

Laddove poi esisteva una domanda reale di lavatrici, prevaleva l'offerta dei coreani della LG e Samsung, che potevano contare su reti di distribuzione, di assistenza e di ricambi già avviate nel mondo dalla vendita di condizionatori, in grado di coprire un territorio immenso e assai disagevole per la logistica e per i trasporti per chi venisse da fuori. Una battaglia, di conseguenza, persa in partenza, e che non giustificava l'investimento iniziale, tanto che allora non se ne fece niente.

Questo esempio vi fa capire come una buona strategia di internazionalizzazione sia necessaria, anzi vitale, ma da sola non è sufficiente e dev'essere integrata nel piano industriale secondo la sostenibilità che armonizzi tutte le componenti necessarie. Dove per sostenibilità, intendiamo la creazione di valore, nel medio e lungo periodo, per tutti gli stakeholders.

Oltre alla capacità di internazionalizzazione, cosa serve oggi ad un'azienda, per salvarsi dalla selezione dei prossimi anni? Oltre a componenti fondamentali come marchio, qualità, eccellenza, innovazione tecnologica, automazione, oggi diventano irrinunciabili, essenziali: innovazione digitale e digitalizzazione, applicazione dell'intelligenza artificiale alla produzione, al marketing e alle vendite, machine learning, block chain, etc.

E poi occorre… fare sistema. Tanto sistema. In Italia e all'estero. Perché, progressivamente si farà strada la tendenza a fare rete, ad aggregarsi, a cedere o ad acquistare, a fondersi con altre aziende, e da qui, raggiungere una massa critica per andare a competere sui mercati esteri, ove si possa cogliere la crescita della domanda.

Ma non scordiamoci mai la più importante di tutte: la qualità delle risorse umane.

Nel corso della mia carriera, ho visto idee, progetti e aziende fantastiche, ma perdersi perché gestite da risorse umane non adeguate. Ho assistito, al contrario, ad aziende decotte, progetti abbandonati e ad investimenti sbagliati, ma corrette e rivitalizzate proprio dalle risorse umane giuste.

La risorsa umana è la radice, la storia, il corpo, la muscolatura, la testa, l'identità, il talento, la fantasia e l'intelligenza di una PMI. È in pratica, tutto.

Dalla sua qualità dipendono la visione, la missione, la strategia, le azioni, la Corporate Governance e la leadership, nonché la selezione e la scelta del management. Non può esserci una buona *Corporate Governance* senza doti di leadership, ma, di sicuro, non può esserci una forte leadership se a monte non ci sia una ottima *Corporate Governance,* che crei le condizioni affinché la leadership si possa esprimere.

E se siete già esperti di tutti questi temi legati all'internazionalizzazione, e maestri nel gestirli, ho richiamato la vostra attenzione sull'importanza di adottare la giusta *Corporate Governance,* finalizzata anche alla gestione dell'internazionalizzazione, nel Capitolo del fattore critico.

Vi invito a rileggerlo con attenzione.

Nei prossimi capitoli sono state approfondite e specificate le diverse fasi per attuare una procedura d'internazionalizzazione nel migliore dei modi. Vi troverete, fase per fase, tutto quanto un esperto, appunto all'interno della Governance Interna aziendale, deve far seguire all'azienda.

Fase 1: Analisi

"Non esiste una seconda occasione per fare una buona prima impressione".

Con questa frase voglio racchiudere tutto quello che leggerete in merito all'analisi. Prima di presentarvi a qualunque referente con cui vorrete fare affari, dovrete preparare il vostro personale campo da battaglia, al meglio.

Prima di scendere in "guerra" dovete organizzarvi nel migliore dei modi: andare alla rinfusa, senza strategie è sicuro che vi porterà ad una perdita accertata.

E come ci si prepara? Attraverso, per l'appunto, un'accurata analisi.

È il primo passo, probabilmente il più importante. Ciò che crea le basi per un'ottima internazionalizzazione è proprio questa.

Grazie ad un'attenta analisi, a monte si potranno evitare errori in corso d'opera, che potrebbero anche diventare fatali e mandare all'aria tutta l'operazione. Cosa si analizza? L'azienda, il mercato, la cultura e i rischi. Non di rado i clienti mi hanno detto: "voglio andare in Russia".

Ed io: "perché vuoi andare in Russia?"
Cliente: "perché produco valvole per impianti di Oil&Gas e "so" che in Russia si esporta tanto gas".

Ora i casi sono due. L'azienda non analizza tutto a dovere e fa delle scelte sul "sentito dire" o su delle sensazioni "a braccio", senza fare le giuste considerazioni, diciamocelo pure: è come se stesse giocando alla lotteria.

Certo, ci sono in tal caso alcune probabilità di fare un'operazione fruttifera, ma quelle di perdere risorse, tempo, soldi e investimenti sono molto più alte, se non si decide a priori che direzione prendere.

L'altro caso: si analizzano a dovere tutti i fattori. E le risposte, dopo un'attenta analisi, possono essere positive o negative, ma vengono passati al setaccio le componenti, prima di muoversi. Se è tutto positivo si passa allo step successivo.

In caso negativo, potrebbe essere successo che durante il percorso di ricerca si scopra che, ad esempio, magari questo non è il momento o l'azienda deve attrezzarsi ancora al meglio prima di avviarsi o il prodotto non è idoneo al mercato di riferimento.

Sicuramente è meglio saperlo prima che dopo. In tale ipotesi, si potrebbe vagliare l'idea, con gli stessi prodotti e tipo di azienda, di approdare l'ipotesi di altri mercati, magari minori e prefiggersi di raggiungere quello più importante solo dopo aver fatto un prima "prova sul campo". Così facendo non si resterebbe comunque fermi e ci si inizierebbe a muoversi in tali operazioni, facendo, oltretutto, esperienza.

È importante, altresì, identificare il tipo di azienda: il prodotto e la struttura organizzativa. Il prodotto potenziale che si produce ad oggi è idoneo al paese? Oppure necessita di migliorie e/o di modifiche prima di essere presentato?

Ad esempio, se qui in Italia l'azienda produce quadri elettrici e li vuole portare nei paesi del Golfo, deve saper che è necessario che siano abbinati ad un mobiletto contenitivo e protettivo per il vento e per la sabbia. Quindi, prima di presentarsi con il progetto, è necessario che sappia questo passaggio e che siano stati fatti dei test.

In Russia, invece, il discorso è al contrario: devono resistere a temperature molto rigide. Pertanto, il prodotto va perfezionato e adattato al mercato di destinazione: vanno studiate nel dettaglio tutte le caratteristiche idonee, in modo che sia compatibile a quel specifico mercato e nel caso, bisogna attrezzarsi per procedere alle relative migliorie.

Sempre per lo stesso argomento del prodotto è basilare capire a chi ci si rivolge, ossia il mercato di destinazione: società private oppure società pubbliche governative di Stato.

Ad esempio, è bene sapere che la società di Stato dell'Arabia Saudita è un mercato gigantesco, ma per approcciarvi ci vuole una determinata mentalità. Solo per fare le qualifiche, bisogna investire circa un anno di lavoro: l'azienda deve essere consapevole di ciò.

Oltre all'analisi, anche la preparazione ed una struttura aziendale specifica, è fondamentale. In questo esempio, ci vorranno due persone che si occuperanno, in toto solo per questa qualifica.

Per quello che riguarda il mercato di riferimento, il prodotto deve essere compatibile in fatto di settori, paesi e dimensioni della merce. Ad esempio, è impensabile vendere la carne di maiale nei paesi degli Emirati Arabi. Potrebbero sembrare nozioni "scontate", ma ho visto troppi imprenditori farsi "del male" proprio per aver sottovalutato, anche solo uno di questi aspetti.

La concorrenza è un fattore da tenere senz'altro monitorato, perché se esiste in quello specifico ambiente vuol dire che sussiste un mercato da aggredire. In che modo farlo? Si valuta anche cosa fa, appunto, la concorrenza, come si muove, cosa offre e a quanto. Nello specifico, questo serve a valutare anche a come posizionarsi in maniera differente e migliore rispetto agli altri.

Eventualmente, l'azienda può pensare a delle alternative in termini di mercato differente e/o secondario, prima di approdare a quello principale. Ad esempio, con un mio cliente che produce valvole per impianti di estrazione di Oil&Gas, dopo un'attenta analisi, abbiamo deciso di andare prima nel mercato dell'Uzbekistan per fare esperienza, invece che sbarcare direttamente in quello Russo, decisamente più grande e competitivo.

Questo gli ha permesso di avere un "ponte" e "farsi le ossa" in un sistema più piccolo e più semplice. Abbiamo trovato un'alternativa che non va a sopprimere la sua richiesta, il quale arriverà comunque in Russia, ma attraverso questo "passaggio" non avrà spreco di tempo, di denaro e potrà aprirsi ad un mercato in più rispetto a quello a cui ambiva inizialmente.

Questa non è una regola ed una prassi, ma una possibilità da poter attuare per partire fin da subito, proprio a seconda dei mezzi a disposizione in uno specifico momento. Poi, con il passare della pratica, degli utili e di ulteriori obiettivi ci si può espandere, sempre facendo le dovute analisi.

Il rapporto tra richiesta del paese e capacità produttiva aziendale è un altro elemento da considerare: l'azienda deve essere in grado di poter servire il mercato target. Ad esempio, la Cina è un paese enorme rispetto all'Italia: se si decidesse di lavorare con loro, bisogna essere consapevoli del volume richiesto e se si sarà in grado di adempiere al contratto.

La capacità di produzione deve essere adeguata, sennò si rischia di vendere, ma non riuscire poi a consegnare la merce e/o adempiere a tempistiche stabilite.

Poi si passa a delineare la struttura organizzativa dell'azienda, individuando le peculiarità proprie caratteriali e culturali, in modo da intraprendere il percorso nel migliore dei modi, al fine di concludere gli accordi. Ad esempio: la forza vendita è preparata per approdare nel paese target?

Si analizza il mercato di riferimento, ossia se l'azienda è compatibile al settore in cui si vuole andare, passando dalle dimensioni alla concorrenza, nonché a tutte le alternative che possono far addentrare più velocemente l'azienda in quel mercato.

Dopodiché, si verifica la cultura, studiando appunto le differenze culturali, gli usi e i costumi del paese, ossia quelle regole non dette, ma che sono alla base dei comportamenti comuni. Avere questo tipo di competenze è un altro punto spesso sottovalutato e non considerato: più cose so e più ne conosco, più riesco ad entrare in empatia con le persone di riferimento con cui concludere gli affari.

Ad esempio, in Arabia Esaudita sono molto rigidi: i complimenti alle donne non devono essere fatti, così come non si possono mandare agenti femminili, perché la percezione culturale è completamente diversa dal nostro paese. Lì, le donne non ricoprono ruoli aziendali. Non bisogna bere vino, né mangiare maiale con le persone con cui si vuole fare chiudere i contratti.

Invece, in Russia l'approccio deve essere esattamente al contrario: gli affari vengono fatti a tavola, in un clima più disteso e goliardico. Quindi, sarà necessario mandare in loco un referente in linea con questo tipo di carattere: se viene percepita troppa diversità si rischia di far saltare tutti gli accordi commerciali.

Loro di prassi, fanno andare presso i propri uffici, ma solo come "atto dovuto", perché i contratti si chiudono al ristorante. Se invitano a cena "è fatto" se no… non è un indice positivo. Per queste motivazioni la persona dovrà entrare in totale empatia con la controparte, in queste circostanze.

In Africa se vogliono pagarti in anticipo, bisogna accettare: hanno la necessità di sentirsi importanti e di un certo spessore, e vogliono dimostrarlo così. Non accettare è una vera e propria offesa per loro.

I coreani, come modo di fare, ti chiedono sconti su sconti, puntano allo sfinimento dell'imprenditore: quindi, consiglio di partire con un margine tale da potergli fare lo sconto che è "obbligatorio" concedergli, e oltretutto, in più trance e non arrivare subito al prezzo finale, contrattando il più possibile.

E non è finita qui: perché poco prima della firma definitiva del contratto, ne chiederanno un altro ancora. Non firma se non ha ottenuto, anche in quella sede, un ulteriore sconto. Garantito.

Arrivare preparati con queste conoscenze non dà la garanzia del successo, ma di certo spiana la strada, rende più efficace la contrattazione tra le parti e dà perché no? un vantaggio competitivo sugli altri.

"Posto che vai, usanza (e gente) che trovi", è stato spesso sottovalutato dalle aziende a cui ho fatto consulenza: sono "piccolezze" in cui molti imprenditori sono inciampati. Per cose che sembrano "banalità" o "scontate", hanno perso occasioni davvero ghiotte. Ed è per questo che "giusto o sbagliato" che sia, voglio sottolineare che bisogna lasciare a casa ogni tipo di pregiudizio: se si vuole fare affari con queste persone è necessario un adattamento a loro e non pretendere il contrario.

Non si può proiettare il proprio pensiero a persone con usi e costumi diversi: ci si deve adeguare all'interlocutore.

Anche a seconda delle risorse umane che ha a disposizione l'azienda per aprire un nuovo mercato, già gli è possibile sapere a priori se ci sono delle buone potenzialità di riuscita o meno, anche sulla base di questi fattori, quindi importanti.

Conoscere da un lato la società, i dipendenti e i prodotti e dall'altro possedere delle analisi e dei report a livello di carattere, di mentalità e di conoscenza culturale delle persone con cui di andrà a interagire, servirà per individuare la strategia migliore per selezionare la persona migliore da mandare in quel mercato.

Infine, si devono valutare i rischi in cui incorrere, che possono essere molteplici. Il primo è voler saltare dei passaggi nella burocrazia cercando scorciatoie, il che potrebbe essere molto pericoloso. Il secondo, come già anticipato, è assumersi degli impegni, presi dall'entusiasmo, nel non rispettare o non mantenere le scadenze accordate, con la conseguenza di ingenti perdite di capitali, che non si potranno più recuperare.

In più, risultare inadempienti alle stesse, provocherebbe il vedersi privare di ulteriori possibilità di fare altri affari: proprio perché se venite considerati e additati incompetenti (le persone nell'ambiente "parlano"), vi etichetterebbero e vi precluderebbero, di conseguenza, tutte le altre strade.

Tornare indietro e farsi "perdonare" sarà molto difficile. La fiducia viene data "facilmente", entrando con i giusti canali, ma è altrettanto semplice perderla se non si seguono i giusti passi: recuperarla sarà quasi impossibile, dopo aver fatto terra bruciata attorno.

È meglio essere onesti e realisti all'inizio, discutendo le tempistiche, a seconda della sostenibilità aziendale. Rimanere coerenti con il contratto e gli impegni presi è vitale.

Noi italiani, siamo già penalizzati dal luogo comune che pesa sulle nostre teste di essere un po' "leggeri" e "faciloni", quindi la parola data è anche più importante, talvolta, del contratto stesso.

C'è da aggiungere che noi italiani a livello di food, tecnologia e moda siamo "avanti" rispetto a molti altri paesi, il "Made in Italy" è una garanzia di qualità, ma l'aspetto delle consegne c'è da migliorare in linea generale, se non impegnarsi doppiamente per dimostrare l'allineamento tra promesse e fatti.

A volte capita che sia necessario dover far svolgere una parte del lavoro presso società del posto, per l'occupazione e l'economia locale. È una regola non scritta, ma molto apprezzata dal mercato target. Quindi, fare una proposta con questo tipo di condizione risulta molto più efficace, ma non tutti lo sanno.

Spesso gli imprenditori tralasciano questo aspetto per pigrizia o per questioni di praticità, ma è lo stesso motivo per cui sfumano molti degli accordi.

Poi, torno ancora a rimarcare l'aspetto della cultura perché rientra in uno di questi rischi, fin troppo minimizzato. Il rispetto verso le tradizioni, la civiltà target e l'umiltà è alla base di tutto: il paese ospitante è molto attento alle sfumature e "pretendono" una sorta di preparazione verso di loro, con molto, molto buon senso. Fate ricerche su ricerche e non andate mai a caso, senza aver studiato prima tutti questi fattori.

Fase 2: Mappatura

In questo capitolo affrontiamo il secondo step, ossia la modalità di mappatura, attraverso lo sviluppo del quadro delle strategie d'ingresso nei mercati di destinazione e la pianificazione economica e finanziaria.

Nella fase due, si programmano, quindi, quante e quali risorse, anche in termini di soldi, si vogliono investire per l'apertura del paese target in precedenza stabilito.

Con l'analisi abbiamo definito cosa portare (il prodotto) dove portare (il paese, il mercato di riferimento), adesso c'è da strutturare in che modo.

La modalità d'ingresso non è così slegata dal conoscere ed esaminare la cultura: si devono conoscere le limitazioni e le opportunità del paese, bisogna sapere in che modo approcciarsi alle persone ed avere pronte soluzioni immediate alle problematiche che si potrebbero presentare.

Una volta definito ciò, è possibile definire il target: se è società privata o di Stato, con chi s'interagisce e in che termini, ossia l'insieme di procedure atte a creare la strategia più efficace possibile.

In base a questo, si passa a creare una pianificazione economico finanziaria, ossia il budget indispensabile.

Se i costi dovessero essere troppo onerosi, si vaglieranno altre ipotesi e soluzioni, cambiando la strategia operativa.

Queste valutazioni verranno fatte in sede di convocazione del Consiglio di Amministrazione, il quale delibera tali decisioni. E da qui che, ancora una volta, ribadisco l'importanza di avere l'esperto d'internazionalizzazione all'interno del CdA: sarà la sola sua compartecipazione attiva a stabilire decisioni efficienti e con rapidità di implementazione, analizzando di volta in volta i risultati, il quale può anche apportare le modifiche necessarie, su come e quanto.

Dal momento che l'esperto possiede competenze e, visto che è il suo pane quotidiano, i piani risulteranno validi e idonei.

Un consulente porta esperienza, valore aggiunto, e possiede nel suo portafoglio relazioni, conoscenze che aprono determinate porte, che facilitano, quindi il percorso, proprio perché sono informati sul mercato, sul paese, sulla cultura, sugli approcci e sui modi di fare, nonché le tendenze.

Affianca il CdA proprio per evitare di fare errori e sbagliare, al fine anche di non perdere soldi o investire in paesi non target per l'azienda. Una volta che le proposte fatte dalla proprietà sono state sottoposte, il CdA delibera o meno l'operazione in quel paese determinato paese. Se non dovessero essere sufficienti le risorse, si esamineranno altri mercati, sempre da parte dell'esperto.

Fase 3: Burocrazia Paese Target

Per quanto riguarda la burocrazia del paese target, significa saper conoscere le normative fiscali, le tassazioni, le Dogane e la contrattualistica, ossia le tecniche di commercio estero.

Ogni paese ha le proprie leggi e ogni volta bisogna essere aggiornati. Diventa importante sapere cosa conoscere: poi nel dettaglio, si approfondirà step by step.

È la parte prettamente tecnica, ossia la burocrazia del paese.

Le normative, cosa e come si può esportare; quali dichiarazioni compilare e in che termini.

Le tassazioni, in modo da poter delineare il ricavo effettivo e non imbattersi in gravi perdite.

Il tipo di regolamenti delle dogane. Se sono dogane europee o extra europee e, ognuna, ha le proprie procedure. Quelle UE rientrano negli accordi di Schengen, quindi sono un po' più semplici da gestire, anche se hanno sempre i capisaldi organizzativi da conoscere. Per quelle extra UE, invece, sono altamente complicate. Gestibili, ma bisogna conoscere la materia in modo preciso ed analitico.

Ed infine, la contrattualistica che tuteli entrambe le parti, nel miglior modo possibile. Dovrà essere un avvocato preparato e competente a redigere tutti i contratti della fornitura.

Sapere come muoversi è indispensabile, perché sbagliare anche solo uno di questi passaggi, farebbe sicuramente perderebbe del tempo prezioso, con il rischio di lasciare bloccata in dogana la propria merce. Questo comporterebbe ritardi nella consegna, il cliente risulterà scontento e, quindi, a cascata creerà ritardi nei pagamenti, malesseri, penali e perdite.

E come ho già detto, persino il vedersi precludere la possibilità di altri affari in futuro.

Un quadretto non propriamente idilliaco, creato per solo una svista di un documento erroneamente compilato per la dogana.

E questo lo vedo succedere molto più spesso di quanto si possa immaginare: una firma messa nel posto sbagliato, una sigla scritta velocemente o un semplice numero omesso. Piccole distrazioni, ma che portano in seno effetti, talvolta, catastrofici.

L'esperto d'internazionalizzazione sa come devono essere compilati alcuni documenti, o se non lo sa direttamente, ha il contatto giusto per farsi aiutare: così facendo si riducono al minimo i problemi e si risparmiano soldi e tempo, nonché, si risulta affidabili agli occhi del cliente, che sarà contento e soddisfatto, proprio perché tutto è filato liscio.

All'interno della nostra struttura, ci sono professionisti ed esperti addetti a rimanere sempre e costantemente aggiornati su quelle che sono le leggi del Paese: questo è un altro valore aggiunto che portiamo all'interno dei CdA.

Fase 4: Ricerca Partner/Sponsor

Ora si passa ad un altro step, altrettanto importante quanto i precedenti.

La ricerca di partner/sponsor, che possono essere finanziari e/o industriali, fondamentali per lo sviluppo del business.

A volte, è necessario trovarne in loco, altre volta risulta indispensabile averne per creare la possibilità di entrare e penetrare in quello specifico mercato.

Esistono delle regole non scritte che valgono in tutti i Paesi del Mondo. Ad esempio, "si sa" che in determinati paesi è necessario rivolgersi a delle cerchie di persone che hanno i contatti che vi favoriscano e vi agevolino: sono mediatori che fanno da tramite, i quali lavorano a percentuale sul giro d'affari creato.

Sono i referenti con cui la nostra società s'interfaccia durante tutta la trattativa con il cliente finale.

A seconda del paese e dei prodotti dove si vuole andare, abbiamo creato, nel corso degli anni, relazioni e sinergie profonde, fatte di stima reciproca, con cui abbiamo fondato forti collegamenti in trattative win-win, per tutti i facenti parte dell'accordo.

Anche queste conoscenze permettono di evitare la perdita di occasioni, tempo e risorse: "Affari Esteri". si posiziona come facilitatore di affari.

Sono tutte collaborazioni nate da anni e anni di viaggi, business, ma anche di sbagli fatti durante le molteplici esperienze. Per quello che riguarda gli errori già fatti, l'azienda che si affida a noi non li rifarà: anzi la nostra mission è proprio quella di offrire un percorso agevole, lineare e corretto che porta a dei risultati sicuri e certi.

I partner possono essere finanziari e/o industriali. Quelli finanziari sono i commerciali. Quelli industriali sono coloro i quali con cui l'azienda collabora a livello di produzione in toto o in gran parte, all'interno del paese target.

Diventa importantissimo, di conseguenza a quanto detto fino adesso, conoscere e sapere con chi si collaborerà, visto che le lavorazioni andranno fatte e gestite alla perfezione.

Fase 5: Vendita Export

Questa è la fase finale del processo.

Dopo aver fatto un'adeguata analisi, creato la mappatura, aver studiato la burocrazia del paese target e aver ricercato i partner/sponsor, ora si inizia con l'esportazione del prodotto e/o della struttura, intera o in parte, aziendale nel paese.

Chiuso tutto questo cerchio, ci sarà un ulteriore effetto positivo: si otterrà una leva molto potente che permetterà di scalare il business e replicare lo stesso modello in tanti altri paesi. Visto che "la prima volta" ha permesso di capire cosa si è fatto, sarà molto più veloce e semplice riprodurlo e ricrearlo in altre realtà.

Sono profondamente convinto che noi italiani, siamo i migliori al mondo in quanto estro e creatività. E questo lo dico e lo posso sostenere a voce alta, con ampia cognizione di causa, avendo fatto parecchi chilometri in giro per il mondo.

Lo scopo più alto di AffariEsteri.it risiede proprio in questa mia credenza, difficile da scardinare, anzi, comprovata da anni e anni di viaggi e conoscenze.

Mi capita spesso di imbattermi, nei cantieri di tutto il mondo, con lavoratori europei non italiani. È buffo vedere come si perdono in un bicchiere d'acqua: sono schematici, freddi e senza alcuna fantasia. Se ad un tedesco manca una vite, è capace di bloccare il cantiere e tutte le persone finché la vite "perfetta" non arriva.

Noi siamo diversi, abbiamo quella marcia in più data dalla fantasia, dal genio, dall'originalità e passione. Se ad un italiano dovesse mancare quella vita, alla fine lui se la inventa, in un modo o nell'altro. Questa è la nostra forza.

La nostra punta di diamante.
Dobbiamo portare alta la bandiera italiana.
Dobbiamo essere fieri di essere italiani.
Sempre.

Dobbiamo imparare a credere di più in noi stessi, alle nostre capacità, alla nostra Bandiera.

Siamo i Numeri 1 nel Mondo e il Mondo questo lo sa bene, per questo, ovunque noi andiamo, siamo stimati ed apprezzati. Nonché amati.

Le nostre Aziende, le nostre tecnologie, le nostre idee: senza, probabilmente, o meglio dire, sicuramente, il Mondo non sarebbe lo stesso.

Conclusione

In un mercato ormai globale avere ottimi manager non è più sufficiente per internazionalizzare un'azienda: occorre aprirsi a specialisti esterni.

Abbiamo visto che, se da un lato per le aziende è possibile guardare oltre confine per espandere il proprio giro d'affari, dall'altro il segreto di un'espansione all'estero stabile e proficua risiede in una Governance che faccia spazio agli esperti d'internazionalizzazione.

È, infatti, all'interno dei consigli di amministrazione che si decidono le strategie e che si impostano le linee guida dell'internazionalizzazione, ossia uno dei processi più complicati aziendali che può intraprendere l'impresa nel corso del proprio sviluppo. Ne sono ben consapevole.

La competizione è talmente alta e si è così tanto evoluta che solo un esperto veramente inserito a pieno titolo nei meccanismi decisionali del CdA, riesce ad apportare quel valore aggiunto in grado di fare la differenza. La reale differenza.

Le storie di successo dei miei clienti dimostrano che le competenze sui mercati esteri, sulle logiche di produzione e di sviluppo dei vari Paesi, insieme alla reputazione data dalla lunga esperienza nel campo, possono offrire un reale apporto aziendale.

Così come, quindi, risulta ormai da tempo naturale inserire nei board delle imprese (oltre ovviamente alla proprietà) avvocati o commercialisti, le cui competenze risultano preziose nei processi decisionali e nelle problematiche legali e tributarie. È giunta l'ora che le aziende considerino altrettanto normale la presenza, tra i consiglieri, comprovati esperti di internazionalizzazione.

Questo fa sì di evitare che i CdA prendano decisioni legate allo sviluppo estero e alle strategie d'internazionalizzazione senza averne le competenze, non riuscendo a orientare le scelte migliori.

È solo aprendo la Governance agli esperti del settore e consentendo loro di sedere nelle "stanze dei bottoni", che il processo risulterà realmente efficace, proprio perché gli stessi specialisti, conoscono il mercato e sono in grado di guidare e orientare le scelte dei CdA.

Se a monte, ad esempio, c'è una scelta di target sbagliata, se le varie possibilità non sono state vagliate completamente, nel dettaglio o con le giuste competenze, i manager e i consulenti esterni che entrano in campo successivamente, a decisione già presa, possono fare ben poco per guidare l'impresa verso un'espansione estera di successo.

Occorre, pertanto, intervenire in fase di piano industriale e strategico, con chiarezza d'intenti e rapidità d'azione.

Quasi scontato dire che in questo periodo, segnato dalla pandemia da Covid-19, risulta ancora più importante per le aziende, orientare i propri piani ad una seria internazionalizzazione e, dotarsi di tutti gli strumenti adatti per espandere i propri confini, guardando con reale interesse e ottimismo ai mercati esteri.

Infine, voglio specificare quella che sembrerebbe un'ovvietà: nel mondo, la qualità italiana è sempre più ricercata. Questo periodo difficile che tutti i Paesi stanno attraversando non ha compromesso quella "voglia di Italia" che da sempre ci contraddistingue. E questa è una grande fortuna e occasione da cogliere in modo tempestivo.

Paradossalmente, la ricerca della qualità e del lavoro italiano è persino aumentata: pensiamo al settore food, alle aziende vinicole, al design e alla moda. Ma non solo: anche al settore dell'Oil&Gas e alla tecnologia.

Chiudo, ribadendo che sprecare questo momento storico sia qualcosa che le aziende non possono e non devono assolutamente permettersi.

Il mio consiglio è quindi di valutare attentamente quest'opportunità e sfruttarla in pieno, anche grazie alle conoscenze comprovate di esperti in questa metodologia di fare affari.

Prima di salutarvi, desidero fare una presentazione di me stesso. Non a caso l'ho messa alla fine, proprio per chiudere il cerchio e farvi capire la mia esperienza, in quanto esperto di internazionalizzazione.

Biografia

Fiorentino, ho una formazione accademica manageriale ed aziendale.

Quella della negoziazione è una passione che mi ha portato a conseguire diversi Master, tra cui uno presso la School of Management dell'Università Bocconi di Milano e l'altro presso la Harvard Business School di Boston.

Come sono partito?
Ho iniziato questo lavoro grazie ad una persona che ha creduto in me, mi ha preso per mano e mi ha mostrato, passo dopo passo, la strada giusta per aprire nuovi business all'estero, cercando di schivare il più possibile le trappole che si incontrano lungo il cammino. Mi ha passato la sua lunghissima esperienza, per questo, gli sarò per sempre grato.

AffariEsteri.it è nata proprio da questo incontro, trasformato in lunghe pratiche sul campo.

È nata dalla necessità di mettere insieme molteplici aziende e farle incontrare nella domanda e nell'offerta.

Oltre che per, come avete capito, la mia grande stima e orgoglio nell'essere italiano: questa, rappresenta per me la più grande opportunità di poter portare in giro per il mondo il nostro "Made in Italy" e le nostre eccellenze, uniche ed italiane.

Non ho la presunzione di essere proprio io a far apprezzare il nostro brand, perché è già ampiamente riconosciuto, ma di certo voglio poter dare il mio, seppur contenuto, contributo.

Voglio agevolare gli altri paesi a conoscerci meglio, riuscendo a far esportare non solo prodotti (food, moda e merci), ma anche tutto il nostro know-how per la costruzione di infrastrutture (scuole, ospedali, strade, la gestione di energia e gas, etc.)

Cosa ho fatto di concreto? Nel quadriennio 2016, 2017, 2018 e 2019 ho totalizzato un milione di chilometri in aereo. Un milione.

Nel 2019, alla serata Le Fonti Awards, AffariEsteri.it è stata premiata e riconosciuta come eccellenza per l'innovazione nell'internazionalizzazione.

Il premio è stato aggiudicato per le soluzioni innovative rivolte alle imprese che intendono sviluppare o consolidare le proprie attività commerciali all'estero, attraverso dei progetti di "International Business", e per aver creato business plan innovativi in grado si sviluppare processi aziendali.

Nel 2020, ho ottenuto un ulteriore riconoscimento personale: il premio per la miglior strategia di internazionalizzazione all'interno del CdA.

Per l'approccio innovativo, concreto, scientifico e professionale all'internazionalizzazione, una delle operazioni più complesse che una società possa intraprendere nel corso della sua storia evolutiva e di crescita.

A chiusura di questo libro, vi trasmetto i nostri contatti a cui poter far riferimento. Restiamo disponibili per qualsivoglia informazione, chiarimento e approfondimento in merito al tema della Governance dell'internazionalizzazione.

Sito, www.affariesteri.it
Mail, info@affariesteri.it
Profilo LinkedIn, Carlo Russo

Ringraziamenti

Grazie a Serafina, mio amore, mia compagna di vita e mia amica, per supportarmi e sopportarmi in ogni momento della mia frenetica vita. Ogni giorno trascorso insieme a lei, mi rende un compagno migliore, un padre migliore e un uomo migliore.

Grazie a *U* e *C*, che mi hanno insegnato a riconoscere la giusta strada e a percorrerla mettendo un piede davanti all'altro.

Grazie a i miei collaboratori, che giornalmente mi affiancano "gomito a gomito" in questa avventura ed in generale a tutte le persone che mi sono e mi sono state vicine.

Infine, ma non per importanza…

Grazie a VOI, che avete comprato questo libro e avete investito il vostro prezioso tempo per leggermi.

Un saluto,
Carlo Russo